여성 CEO를 위한
창업 아이템 51

여성 CEO를 위한
창업 아이템 51

김영호 지음

두드림미디어

들어가면서
왜 지금 여성 창업이
대세인가?

여성 창업이 대세다!

왜 지금 여성 창업이 대세인가? 코로나가 불러온 긍정적 효과는 여성 창업의 뇌관을 터뜨렸다. 그렇게 높아 보였던 창업의 벽을 허물어준 코로나의 플러스 효과다. 모이지 않아도, 사무실이 없어도 창업이 가능하다. 코로나가 증명해준 세상이다.

요즘에는 슬랙, 드롭박스, 구글 행아웃, 줌 등 다양한 공유 업무 도구가 있어서 사무실에 모이지 않아도 일하는 데 전혀 어려움이 없다. 필요 없는 회의도 줄이고, 동료 간의 뒷담화로 인한 시간 손실, 마음 상함 등으로부터 자유롭다. 좀 더 내 시간에 집중할 수 있고, 더 효율적으로 일할 수 있게 되었다.

지금까지 갓 태어난 아이 때문에 퇴사를 심적으로 종용받았다면 바로 퇴사하고, 마음 편하게 '엄마 창업'에 나서면 된다. 너무 걱정하지 말자! 특히 경력 단절이 걱정인 여성들의 돌파구는 일하면서 아이를 돌볼 수 있는 재택 창업뿐이다. 스스로 창업 환경을 만들어보자!

지금 대한민국에서 여성 창업이 대세인 이유 3가지를 들겠다.

첫 번째, 대한민국 여성의 잠재력은 세계 1위이기 때문이다.

지금까지 전 세계 42개국, 106개 도시를 시장 조사하면서 느낀 점 중의 하나가 대한민국 여성의 잠재력과 능력은 세계 1위라는 점이다. 대한민국 여성의 성장 잠재력과 세계적인 업무 진행 추진력과 기획력은 세계 1위다! 내가 장담한다!

두 번째, 이젠 모바일 세상을 뛰어넘어 AI 세상이 되었기 때문이다.

"앞으로는 모바일 퍼스트에서 인공지능(AI) 퍼스트 시대가 될 것이다." 순다르 피차이(Sundar Pichai) 구글 최고경영자가 구글 모회사인 알파벳 주주들에게 보낸 창업자들의 편지(Founders' Letter)에 나온 이야기다. 앞으로는 모바일 기기의 스크린을 통해 정보를 찾던 시대에서 인공지능이 똑똑한 비서 역할을 하는 세상으로 변할 것이다. 그야말로 누구나 실력만 갖춘다면 AI의 도움으로 무궁무진한 도전과 창업의 기회를 집에서 누릴 수 있게 될 것이다.

세 번째, 여성만이 보유한 디테일과 집중력은 최고의 경쟁력이기 때문이다.

전 세계에서 진행되는 혁신의 시작은 디테일부터라는 점은 변하지 않는 사실이다. 쉽게 지나쳐버릴 수도 있던 디테일을 놓치지 않고, 이를 집중적으로 파고들어 아주 큰 소비 시장으로 만드는 능력은 대한민국 여성이 갖춘 세계 최고의 경쟁력이다.

그래서 대박 나는 여성 창업자를 위해서 이 책을 총 3장으로 구성했다.

여성으로서 대한민국에서 창업하면 좋을 만한 창업 아이템을 IT 중심 창업군과 라이프 스타일 중심 창업군으로 1장, 2장으로 나누어 제안한다. 전 세계에서 여성 창업으로 성공한 사례를 바탕으로 한 창업 아이템과 필자가 예전부터 감춰놓았던 창업 아이템을 업그레이드해서 제안한다. 부디 여성 창업이 더 적합해 보이는 51가지 창업 아이템을 통해 세계적인 여성 CEO로 거듭나시기를 바라며, 좀 더 살기 좋은 대한민국과 세상을 만들 수 있는 사업적 인사이트를 많이 받아갔으면 좋겠다.

3장에서는 여성 CEO로서 앞으로 겪게 될 고민과 번뇌에 대한 솔루션을 정리했다. 이 내용은 수년간 모 협회 등에서 예비 여성 창업가가 참여하는 '예비 창업패키지' 사업계획서 심사 및 사업 3년 차 이상 7년 차 이하의 '창업 도약패키지'의 심사위원으로 경험한 내용을 정리했다. 또한, 여성 CEO로서 사업을 처음 진행하는 1년 차 경영자의 멘토로서 창업컨설팅을 해온 경험을 토대로, 사업 초년도 여성 CEO들의 공통된 고민과 해법을 간단명료하게 정리했다.

여성들이여, 절대 걱정하지 말고 도전하기를 바란다!

당신이 가진 잠재력, 그리고 추구하는 비전에 동참하는 전 세계 여성들에게 제안하라. 미국, 일본, 호주, 유럽 등 당신의 비전과 새로운 비즈니스 모델에 동참하려는 참여자로부터 속속 연락이 올 것이다. 구체적인 목표를 설정한 후 각자의 업무 설정이 완료되면, 그 이후는 각자 자신의 환경에 맞춰 업무를 기간 안에 제대로 집행하면 된다.

사무실이 필요로 하게 된다면, 전국에 산재해 있는 여성창업보육센터를 이용하면 된다. 대한민국 역사 중에서 지금처럼 여성 창업하기 쉬운 시절이 있었던가!

지금은 여성 창업이 가장 적합한 시절이다.

절대 떨거나 움츠리지 말자.

전 세계에서 가장 우수한 창업 DNA를 지니고 태어난 대한민국 여성들이여.

도전하라, 도전하라, 도전하라!

유통 9단 김영호

CONTENTS

들어가면서 왜 지금 여성 창업이 대세인가? 5

 **IT 여성 창업**

01. 마르지 않는 샘물, 남녀 간의 만남 데이트앱 14
02. 고령자 시니어 맞춤 돌봄 서비스 19
03. 솔로와 맞벌이 부부를 위한 청소 대행 플랫폼 23
04. 청소년 대상의 국내 혹은 해외 교육 사업 28
05. 외국어 가능한 인재 파견 사업 33
06. 큐레이션 업체를 위한 배송 대행업 37
07. 시나리오 작가, 윤문 작가 & 대필 작가 42
08. CEO를 위한 글로벌 명상센터 45
09. 해외 & 국내 한 달 살기 대행사 49
10. 라이브 방송 진행 대행사 53
11. 외국인 가사도우미 공급 서비스 58
12. 여성 신변 보호 비즈니스 61
13. 갑질 신고 대행 & 법률 서비스 65
14. 북유럽 수입 아동복 쇼핑몰 사업 68
15. 여행사 상품 비교 플랫폼 71
16. 부자 만들기 쇼핑몰 75
17. 신상품 정보와 커머스 플랫폼 79
18. 청바지 전문 쇼핑몰 83
19. 수면 상품 전문 쇼핑몰 87
20. 경제 중심 오디오 플랫폼 91
21. 시니어 전문 쇼핑몰 비즈니스 96
22. 카페 자유이용권 공동 비즈니스 플랫폼 102
23. 실패 다이어리 제조 및 실패 플랫폼 107

CONTENTS

 2장 라이프 스타일 여성 창업

24. 이 세상에 단 하나, 온리원 음식점 창업　　116

25. 1020을 위한 캐릭터 화장품　　122

26. 성장동력 최고의 수제맥주 제조업　　126

27. 영어 학습으로 떼돈 버는 카페와 메이크업 스튜디오　　130

28. 비만 탈출 레스토랑　　134

29. 취미가 같은 사람끼리 함께 사는 셰어하우스　　138

30. 회원제 워케이션(재택근무)　　142

31. 여성 전용 민박 서비스　　146

32. 기성 신발에 그림 그려주기　　149

33. 소확행 시장을 공략하는 색다른 비즈니스　　152

34. 지구와 함께 살고 싶은 포장 제로 마켓　　155

35. 아파트 단지 내 공동식당 운영(실버타운 내 음식점 운영)　　160

36. 프리미엄 반찬 구독 서비스　　163

37. 래핑 광고 대행 비즈니스　　166

38. 5060 패션모델 & 에이전시　　169

39. 이동식 야채 전문점　　172

40. 떼창을 불러도 되는 뮤직 영화관　　176

41. 테마에 따른 다양한 체험 투어　　180

42. 여성을 위한 두부 전문점, 남성을 위한 두부 전문점　　185

43. 5060 시니어 여성을 위한 잡지 발행 및 쇼핑몰 커머스　　189

44. 4050 독서클럽　　194

45. 머니 트렌드 투어 여행사　　199

46. 비즈니스 여행 작가 양성소　　204

47. 여성에 의한 여성들만을 위한 동네 카센터　　210

48. 휴대가 간편한 일회용 와인 병 서비스   215

49. 자전거 여행 전문 여행사   220

50. 세계 라면 전문점   225

51. 지역 신문 발행업   229

3장 스타트업 여성 CEO 1년 차의 고민

01. 플랫폼 비즈니스 모델에서 가장 중요한 부분은?   237

02. 고정 고객을 빠른 시간 내 확보하는 방안   241

03. 신규 회사의 브랜딩 전략   244

04. 리스크를 최소화하면서 매출을 늘리는 방법   248

05. 목표 시장 공략 방법   250

06. 대형 업체 입점 방법   252

07. 마켓 후발주자의 생존 방법   255

08. 협력 업체 & 직원 선발 방법   258

09. 지속 가능한 경영을 위한 준비   262

Do not be afraid to make decisions.
Do not be afraid to make mistakes.

Carly Fiorina, Former CEO of Hewlett-Packard

1장

IT
여성 창업

마르지 않는 샘물,
남녀 간의 만남 데이트앱

건전한 남녀 간의 만남을 주선해주는 P2P 서비스다. 사전 회원가입 절차에 차별화된 여러 가지 서비스를 준비하고, 만남 후 애프터서비스에 집중한다면 상당히 좋은 평판을 얻을 수 있는 비즈니스다.

인류 역사상 남녀 간의 사랑이 주요 테마가 아닌 적이 있었던가!

남녀 간의 사랑은 쉽게 이어지기도 하지만, 정말 어렵게 연결되기도 한다. 특히 대한민국같이 파티 문화가 거의 없는 나라에서는 더더욱 그렇다. 대부분의 남녀들은 친구의 소개 혹은 동호회 모임 등을 통해 만나게 된다.

남녀 간의 만남 관련 사업은 지구 역사가 지속되는 한 절대 마르지 않는 샘물 같은 사업이다. 정말 다양한 형태로 남녀 간의 만남을 주선하는 업체의 서비스가 계속 탄생한다. 그중의 하나가 바로 앱을 통한 만남이다. 미국의 경우에도 '비(非)게임 분야 상위 10위 앱' 보고서에 따르면, 데이트 앱인 '틴더(TINDER)'가 넷플릭스와 유튜브 등 동영상 시청 앱과 비슷하게 이용되고 있다고 한다.

참고로 '틴더'라는 앱은 주로 북미와 유럽 등 서구권에서 폭발적인 인기를 얻고 있는데, 2012년 미국에서 처음 출시되었다. 이용자의 사진과 간단한 프로필을 보고 호감 혹은 비호감을 표시해 짝을 찾는 앱이기 때문에 아주 쉽게 이성을 만날 수 있도록 설계된 앱이다. 하지만 워낙 유명한 앱이다 보니 이 앱을 통해 사기꾼들이 많이 나타나 유의해야 하는 앱으로도 유명하다.

〈'틴더' 사이트에서는 아주 쉽게 상대방을 찾을 수 있고, 호감을 보낼 수도 있다〉
출처 : tinder.com/ko/feature/swipe

출시된 대부분의 소개팅앱은 상당히 쉽게 설계되어 있는데, 회원가입 절차를 상당히 까다롭게 해서 진입장벽을 높인 앱도 종종 있다. 그러나 가입 회원의 사진과 소개 내용을 보고, 미팅 여부를 결정할 수 있는 시스템은 대동소이해 보인다.

우리나라에서도 데이트 관련 앱들이 계속 출시되고는 있다. 20~30대 미혼 남녀에게 하루에 1명씩 이성을 소개해주는 앱도 탄생해서 잘 운영되고 있다. 서울 강남을 중심으로 운영하던 기존의 오프라인 중심의 결혼정보 회사들의 남녀 만남 주선 방식이 온라인으로 옮겨가고 있다. 온라인은 이런 트렌드에 발맞출 수 있는 업체만이 생존할 수 있는 열린 공간이다. 더구나 대기업이 참여해서 더 큰 비즈니스 장으로 열 수 없는 분위기이기에 중소기업이 몸집을 키울 수 있는 아주 좋은 사업 영역이다.

하지만 이 사업을 준비하면서 유념해야 할 부분이 있다. 바로 개인 정보보호가 굉장히 중요하다는 것이다. 만남을 전제로 한 서비스인 만큼 나중에 불미스러운 일이 생길 수도 있기 때문이다. 그러므로 대비책을 미리 마련한 상태에서 앱을 개설해야 할 것이다. 창업 전에 고문 변호사를 섭외해 법적인 문제에 미리 대비하거나, 혹은 사용자의 학교나 직장에 대한 인증을 받는 방법도 좋을 것이다.

사실 실제 만남까지 최소 수십만 원이 드는 오프라인 중심의 결혼 정보업체에 비해 이용료가 상대적으로 상당히 저렴한 방식의 앱 방식이라고 하더라도 상대방의 허위 정보와 같은 것은 사전에 거르는 장벽을 마련해놓아야 한다.

그래서 새로운 남녀 미팅 방식을 제안하고 싶다. 즉, 일대일 미팅 방식의 위험을 분산시키는 방법이다.

첫 번째로, 단체 미팅을 주선하는 방식이다. 이런 방식은 일본에서 자주 이용되고 있는데, 일본의 지방이나 지역 단위로 대규모 미팅 방식을 통해 이성을 만나는 기회로 활용된다. 소액의 참가비를 낸 후, 주최 측이 제공한 팔찌를 차고 동성 2인 1조로 지역 음식점을 돌아다니며 이성과 만나는 방식이다. 음식점 한 군데에만 가는 것이 아니라 여러 종류의 음식을 먹으면서 상대방에 대한 여러 반응과 리액션을 검토하는 방식이다. 한 번의 미팅, 한 군데 음식점이 아니다. 그리고 개인 간 미팅의 리스크를 단체 미팅을 통해 해소하는 방식이라 추천하고 싶다.

두 번째로, 최근 MZ세대를 중심으로 전개되는 로테이션 소개팅 방식이다. 이 방식은 하루에 여러 명을 만나는 방식으로서 가성비를 추구하는 젊은 세대에게 채택된다. 예를 들면, 2시간에 3명의 이성과 대화하면서 와인을 마시는 프로그램이나 향수 만들기 프로그램에 참석해서 한 파트너와 약 30분간 이야기한 뒤, 다른 파트너로 바뀌는 방식 등으로, 주최 측에 의해 새롭게 전개 가능한 방식이다. 이를 통해서 마음에 안 드는 파트너에게 본인의 연락처를 알리지 않아도 되는 심적 안정감을 줄 수 있다. 로테이션 소개팅이므로 마음에 안 들면 깔끔하게 헤어질 수 있기에 MZ세대에게 선호되고 있다.

여기에 한 가지 더 추천하고 싶은 부분은 공공장소에서 처음 만나길 제안하고 싶다. 아무래도 처음 만나는 이성들의 안전한 만남을 위해선 필수적인 항목이 될 듯싶다. 공공장소가 아닌 외진 곳이라면 아무래도 상대방의 위험으로부터 방어하기에 부족할 가능성이 있기 때문이다. 그리고 철저하게 유료 회원제를 시행해야 할 것이고, 매월 구독형 서비스를 만들어 제시할 수도 있다.

02

고령자 시니어 맞춤 돌봄 서비스

고령자 시니어 돌봄 서비스가 필요한 이용자와 돌봄 매니저를 연결시켜주는 서비스로, 일반적인 돌봄 서비스가 정착되면 분야별 돌봄 서비스로 분화 가능한 비즈니스다.

몇 년 전부터 우리나라를 비롯한 거의 모든 나라에서 공통적인 인구 현상이 나타나기 시작했다. 바로 고령화 세상이 생각보다 빨리 찾아온 것이다. 특히 대한민국은 2000년 고령화 사회에 진입한 지 17년 만인 2017년에 고령 사회로 진입했다. 고령화 속도가 가장 빠른 것으로 알려진 일본이 고령화 사회에서 고령 사회로 들어서는 데 24년이 걸렸는데, 우리나라는 17년 만에 진입한 셈이다. 우리나라의 고령 사회 진입 속도는 프랑스(115년), 미국(73년), 독일(40년) 등 다른 선진국들과 비교하면 너무나도 앞서 있다.

전체 인구에서 고령자 비율이 점점 높아지다 보니 세계는 고령화 사회로 거의 대부분 진입했다고 보면 된다. 우리나라를 포함해서 전 세계 프랜차이즈 산업에서 '고령화'가 가장 중요한 키워드가 되었다. 이에 새로운 비즈니스가 계속 탄생하고 파생 중이다. 어르신 간호가 바로 '창업의 열쇠'가 된 세상이다.

사실 전체 인구 중에 고령자가 많아진다는 것은 일을 해야 하는 경제인구의 감소를 의미한다. 동시에 경제인구가 짊어질 고령인구에 대한 간병비, 건강 보호 관련 비용들이 증가하게 된다. 사회적으로 보나, 개인적으로 보나 고령자가 전체 인구의 높은 비중을 차지하는 것은 결코 바람직해 보이지 않는다.

즉, 세계 최하위 출산율과 노인인구 증가율이 세계 선두를 달리는 대한민국의 미래는 암울해 보인다. 여기에 고령화에 따른 치매·우울증 등 노인 질환의 급증은 이미 개인이 감당할 수 없는 사회적 문제이기에 더욱 우울하다. 그렇기에 이런 인구 변화에 따른 새로운 비즈니스가 계속 탄생해야만 한다.

예를 들어, 만약 가족 중에 치매를 앓는 구성원이 생긴다면 다른 가족들이 제대로 돌볼 수 있겠는가? 가족 중 누군가가 치매를 앓으면 잠시도 방심할 수 없을 것이고, 다른 가족들의 삶도 피폐해질 것임이 틀림없다. 한 개인의 고통으로 끝나는 것이 아니라 주변 사람에게도 부정적 영향을 끼치고, 이는 사회적 문제로 커지게 될 것이다. 자연스럽게 전문 도우미의 손길이 필요한 때가 오게 된다. 이런 개인의 고통에 지자체 혹은 국가가 도움의 손길을 보내야 하지만 현실은 그렇지 못

〈영국 '헬핑 핸즈'라는 고령자 맞춤 서비스를 진행하는 회사인데, 재택간호, 방문간호, 그리고 일시적 위탁간호 방식 등을 진행하고 있다〉

출처 : https://www.facebook.com/HelpingHandsStroud/

하다. 그래서 사설 전문 서비스가 필요하게 된다.

조만간 초고령 사회로의 진입을 앞둔 대한민국은 지역 사회 내 경제적으로 돌봄 서비스를 이용할 수 있는 고객층을 대상으로 고급 어르신 돌봄 서비스가 탄생하고 있다.

또한, 몇 년 전부터 우리나라의 시니어 돌봄 산업의 성장세가 가파르다. 시니어 돌봄 플랫폼 기업들이 하나둘씩 나타나기 시작했고, 매출도 계속 늘어나는 추세다. 돌봄 서비스를 필요로 하는 분들이 기거하는 집이나 혹은 요양원으로 파견 근무를 하도록 서비스를 제공하는 시스템이다.

이런 비즈니스는 해당 서비스를 계약하고 월정액을 지불하는 사람과 서비스 혜택을 받는 사람이 다르다는 점을 기억해야 한다. 이는 마치 보험을 계약하는 사람과 수혜자가 다른 경우와 동일하다. 돌봄 서비스 계약자는 대부분 혜택을 받는 시니어의 자제분일 가능성이 크다. 그래서 기존 돌봄 업체와 다른 서비스를 개발해서 마케팅을 해야 차별화된 서비스 업체로 포지셔닝이 가능해질 것이다.

즉 장점, 성격, 개성, 좋아하는 일, 싫어하는 일 등 시니어의 특징을 세세하게 많이 알면 알수록 시니어 맞춤형 서비스가 가능해지기 때문에 계약 전에 꼼꼼히 사전정보를 입수하는 것이 아주 중요하다. 또한 제공하는 서비스를 구체적으로 여러 타입으로 구분하고, 정찰제를 시행함으로써 비용 관련 분쟁을 미연에 방지해야 한다.

여기에 돌봄 서비스를 현장에서 진행할 인력을 선발할 때, 임금을 적게 주기 위해 다른 나라에서 온 인력을 채용한다거나 서비스 업계에서 근무한 이력이 전혀 없는 인력을 투입하는 우를 범해서는 안 된다.
지금은 본격적인 초고령화 사회로 진입을 예고하는 시점이기 때문에 시니어 돌봄 및 헬스케어 서비스에 대한 수요는 더욱 증가할 전망이다.

솔로와 맞벌이 부부를 위한
청소 대행 플랫폼

1인 가구가 늘어나면서 이들을 겨냥한 '솔로 이코노미(solo economy)'로, 청소 대행 세계를 열어갈 수 있는 비즈니스다.

청소 대행 서비스를 진행하는 회사는 우후죽순격으로 상당히 많이 시장에 나와 있다. 청소 대행 서비스는 일반 개인 가정집을 전문으로 하는 회사와 기업체 사무실을 전문으로 하는 회사로 나뉜다. 하지만 앞으로는 1인 가구, 그중에서도 여성 홀로 사는 가정집이나 오피스텔을 전문으로 하는 청소 대행 시장이 특화될 것이다.

KT경제경영연구소는 국내 솔로 이코노미 규모는 2010년 60조 원에서 2030년 194조 원으로 급증할 것으로 전망했다. 그리고 2030년 1인 가구의 월평균 소비 지출은 4인 가구에서 1명이 쓰는 돈보다 1.5배 많아질 것이라고도 밝힌 바 있다.

사실 청소 대행의 원조는 미국이다. 미국에서 여성의 사회진출이 많아지면서 자연스럽게 탄생한 서비스이기 때문이다. 우리나라의 솔로 이코노미가 커지는 주요 원인도 미국과 비슷하다.

또한, 우리나라 예비 창업자의 80%는 창업자본금이 1~2억 원 정도라는 통계를 본 적이 있다. 요즘처럼 점포 비용, 인테리어 비용에 프랜차이즈 가입비까지 더해진다면 상당한 창업비용을 감당해야만 한다. 반면, 청소 대행업은 신체 건강하고 친절한 서비스 정신만 있다면 누구나 창업이 가능한 업종이다. 반면 소자본으로 가능하기 때문에 상당히 경쟁이 심한 업종이기도 하다.

특히 무점포 기술형 소호 사업이므로 환경을 중시하는 1인 가구와 맞벌이 부부를 대상으로 질 높은 청소를 제공한다면 승산 있는 사업이다. 그래서 환경 위생 청소 대행업을 진행한다면, 우선 업계 1위 청소 대행 업체에 입사해서 일을 제대로 배워야 한다. 어느 정도 일을 배운 후, 나와서 나만의 청소 대행업을 하는 것이 좋다.

청소 대행업은 영업력과 건강관리가 관건이다. 그리고 개인 집을 공략할 것인지, 사무실 위주의 기업체를 대상으로 할 것인지를 미리 정하고 진입해야 할 것이다. 만약 사무실 위주의 청소 대행으로 간다면 주로 밤에 일할 때가 많기 때문에 생각보다 힘이 많이 들 것이다. 자칫 체력 관리를 못 하면 어려움을 겪을 수도 있다. 또한, 영업력이 없으면 안정적인 수익을 기대하기조차 어려워진다.

이처럼 소자본으로 시작하는 환경 위생 청소 대행업은 초보 창업자들이 가장 어려워하는 고객 확보와 마케팅 등을 본사에서 다양한 방면으로 지원하기 때문에 쉽게 도전해볼 수 있다는 특징이 있다.

사실 청소 대행업은 미국 등 선진국에서는 아주 오래전부터 진행된 사업이고, 우리나라의 경우에도 이미 많은 회사가 진입한 산업이다. 하지만 그럼에도 아직도 빈틈이 많은 업종이기에 적극적으로 추천하고 싶다. 그 이유는 청소 대행 성장을 위한 외부환경이 점점 좋아지기 때문이다. 그 첫 번째가 1인 가구의 확연한 증가 추세다. 1인 가구 중 연봉이 높은 '골드미스'가 점점 늘어나고 있다. 이들을 대상으로 한 청소 대행 서비스는 특화된 시장으로 보인다. 물론 워킹맘을 기본 회원으로 진행하면서 1인 골드미스를 대상으로 하는 프리미엄 서비스를 개발한다면, 탄력적인 회사 운영이 가능할 것이다.

〈선불카드 서비스까지 기프트로 주고받을 수 있는 미국 청소 대행 업체〉

출처 : www.lupescleaningservice.net/

기존의 청소 대행 업체와의 차별화된 서비스를 구축해놓은 후에 진입해야 성공적인 연착륙이 가능해 보인다. 즉, 기존 청소 대행 업체에 대한 서비스 종류와 질, 그리고 요금 시스템에 대해 조사를 끝내게 된다면 분명 빈틈을 발견하게 될 것이다. 물론 이를 위해 강한 경쟁사에 취업하거나 아르바이트생을 파견하는 등의 작업을 통해 해당 업체 서비스에 대한 벤치마킹을 할 필요가 있다.

청소 대행 비즈니스업의 핵심을 간파한 후에는 앱을 통한 청소 대행 플랫폼 비즈니스로 바로 진입해야 한다. 청소 대행 플랫폼 비즈니스는 IT 중심으로 진행되어야 하기 때문에 처음에는 외부 앱 제작 용역 업체의 도움이 꼭 필요하지만, 가장 중요한 것은 괜찮은 청소 매니저분들을 확보하는 것이다. 서비스 수준을 높게 책정한 후에 이에 걸맞은 매니저들을 선발해야만 한다. 청소 대행 회사에서 기본적인 교육뿐만 아니라 업무 진행 매뉴얼을 제대로만 갖춘다면 고품격 서비스를 제공할 수 있을 것이고, 거기에 맞는 서비스 요금 책정도 가능하리라 본다.

기존 청소 대행 O2O 서비스 회사와의 경쟁을 뛰어넘으려면 청소 대행 시 발생할 수 있는 모든 경우의 수를 가지고 있어야만 한다. 예를 들어, 파견을 나가기로 한 청소 대행 매니저에게 갑자기 일이 생겨서 파견을 나가기가 어렵게 되었을 때, 대행할 다른 매니저의 수배 및 재매칭이 1시간 이내에 가능하도록 시스템을 구축해야 할 것이다. 직영사원이 아닌 체제이므로 인사관리 등 관리 시스템 구축이 가장 중요한 항목이다.

여기에 경쟁사가 제공하지 못하는 서비스를 미리 체계화해서 여러 가지 옵션을 선택할 수 있도록 서비스 항목을 만들어놓아야 한다. 즉, 유리창 청소나 악취 제거 및 퍼퓸 서비스 부문 등 새롭게 기획한 서비스를 지속적으로 제공해야만 한다.

청소년 대상의
국내 혹은 해외 교육 사업

전 세계에서 대한민국만큼 교육열이 높은 나라가 또 있을까? 인생의 성공에 이르는 길이 마치 하나밖에 없는 것처럼 어른들이 보채기에 아이들은 무조건 일류대학에 입학하기 위해 죽을힘을 다한다. 일류대학에 가기 위해 초등학교 때부터 준비하는 것이다. 그렇기에 대한민국 교육 사업은 아직까지는 항상 마르지 않는 샘물이다.

하지만 디지털 세상에서 성공하는 인생의 길이 오직 하나만이 아니라는 점을 많은 사람이 알아야 할 것이다. 개인으로 보면 우수한 인적 자원을 가지고 있더라도 집단적으로 보면 다양성과 창의성이 절대적으로 부족한 것이 대한민국 인적 자원의 현실이다. 대한민국의 교육열은 알다시피 1970~1980년대 빈곤에서 탈출해 지금의 선진국 반열에 오르게 한 가장 큰 무기다. 1970~1980년대는 고도 성장기였기에 입사할 회사가 있었다. 그러나 이제는 그 시절과 정반대다. 그래도 대한 민국 사교육 열풍은 계속될 것이므로 개인 및 집단 교육 사업은 지속 되리라 보인다.

적은 자본을 가지고 본인 경력을 활용하고 싶은 여성 창업자라면 일인형 교육 사업보다는 그룹형 교육 사업에 관심을 가져보는 것이 좋다. 일인형 교육 사업을 과외 형태라고 한다면, 그룹형 교육 방식을 활용한다면 같은 시간에 더 많은 수익을 올릴 수가 있다.

그룹형 교육 사업은 주로 방문을 통해서 하거나 소규모 학원에서 진행된다. 소자본으로 창업할 수 있고, 대형 교육 사업을 진행하는 프랜차이즈에 가입도 가능해 여성 창업자들에게 적합해 보인다. 대부분 점포를 갖지 않는 무점포 방식으로 운영할 수 있고, 자신이 괜찮은 시간에 집중해서 운영하는 집중시간 관리제가 가능하기 때문에 일정 공간을 대여하거나 창업자 본인의 집을 이용할 수도 있다.

필자가 교육 사업 비즈니스를 제안하면서 추천해드리고 싶은 사례로는 사교육의 일번지인 '메가스터디'를 만든 손주은 대표다. 서울대학교를 졸업하고 호구지책으로 시작한 과외 선생 업무가 지금의 '메가스터디'의 효시였다. 그가 대성공을 하게 된 원인을 분석해보면, 외부환경으로는 높은 초고속 인터넷 보급률, 상대적으로 저렴한 교육비, 정부의 적극적인 정책지원을 들 수 있다. 물론 향후 전체 학생 수는 줄어들겠지만, 일류대학교를 향한 교육열은 더하면 더했지 줄어들지 않을 것이다.

창업자가 대한민국 교육 시장에 큰 목표를 가지고 있다면, 우선 프랜차이즈 회사에 가맹 방식으로 진행해보면서 실력을 키운 후, 본인만의 콘텐츠를 가지고 독립도 가능하다. 이 방향은 오프라인 중심의 사업이라고 할 수 있다.

만약 그룹형 교육 사업의 가맹점 방식으로 진행한다면, 창업자는 지사장으로서 선생님들을 고용해 이들이 해당 학생들을 방문하는 형태로 사업을 할 수 있다. 수익 배분은 본사 10%, 가맹점 30%, 선생님 60%로 나누는 것이 일반적이다.

대표적인 그룹형 교육 사업의 테마는 미술 교육 분야다. 하지만 지금은 디지털 세상이 아닌가! 미술 교육에서 한 발 더 나가, 이모티콘 작가 양성 교육으로 수정한다든지, 걸그룹 양성 그룹 교육을 한다든지 하는 등 미래 교육에 한 발 더 진입하길 바란다. 기존에 잘하고 있는 그룹 교육의 테마를 그대로 따라 할 필요는 없다. 나만의 교육 테마를 잘 선정하는 것도 비즈니스의 핵심이다.

하지만 그룹형 교육 사업을 제대로 하려면 주의할 점이 있다. 바로 시장 조사다. 본인의 특성과 시장의 현황이 잘 맞는지 사전 시장 조사를 꼼꼼히 해야만 실패가 없을 것이다. 먼저 창업자가 혼자서 그룹형 교육 사업을 진행한 후에 어느 정도 사업을 안정시킨 다음에, 능력 있고 열성적인 선생님을 채용해 사세를 넓히는 전략을 채택해야 할 것이다.

또 다른 방향은 오롯이 온라인 교육 사업만 하는 것이다. 초등학생 혹은 중학생을 대상으로 디지털 교과서를 만들고, 사진, 동영상, 애니

메이션, CG 등 다양한 디지털 자료를 활용해 시청각을 자극할 수 있는 콘텐츠 축적이 우선이다. 그리고 어느 연령층의 학생을 위주로 어떤 교육을 시킬 것인지 목표를 명확히 한 후에 온라인 교육을 준비하자.

해외 여러 나라의 학생을 대상으로 한 온라인 교육도 가능하다. 특히, 케이팝 열풍이 부는 나라의 청소년을 대상으로 노래와 한글을 온라인으로 학습하는 교육을 추진해보자. 예상외로 케이팝에 열광하는 해외 청소년층이 얼마나 많은지 알게 될 것이다. 이들에게 노래를 통한 한글 교육 이후에는 댄스 교육도 병행할 수도 있다.

〈미국 캘리포니아 팟캐스트 'California Love : K-Pop Dreaming'에 나오는 케이팝 단체 티셔츠 문양〉

출처 : www.npr.org/podcasts/1160529827/california-love-k-pop-dreaming

생각해보면 교육 사업만큼 지속해서 황금알을 낳는 비즈니스도 없을 듯싶다. 특히 한국 케이팝을 사랑하는 해외의 팬들을 모으게 되면 정말 많은 수요층을 개발하게 될 것이고, 그들과의 완벽한 소통을 통한 교육 사업의 확장은 또 다른 '메가스터디' 신화를 개척할 수 있으리라 예상한다.

05
외국어 가능한
인재 파견 사업

　기업의 운명은 인재 확보에 있음을 부정하는 사람은 드물 것이다. 그만큼 어느 회사나 꼭 필요한 인재를 보유하고 있느냐에 따라 승부가 나게 된다. 하지만 기업이 원하는 인재를 적시 적소에 배치하는 기업이 대단히 드문 것도 사실이다. 더구나 외국어 사용이 절대적으로 필요한 업무를 하는 국내에 진출한 외국계 회사의 경우는 더더욱 그렇다.

　몇십 년 전부터 국내에 들어온 인재 파견 사업의 니치 마켓(niche market)에 도전해보자. 외국어가 가능한 인재의 파견 근무 서비스를 진행하는 것이다. 선진국으로 갈수록 해외 회사가 국내에 지점을 설치하기 때문에 해당 외국어가 가능한 인재를 수시로 선발하고 있어서 충분히 발전 가능성이 높은 사업이다.

특히 여성 인력만을 제때 파견할 수 있는 인력풀을 가지고 있다면, 이 사업은 상당히 수월하게 진행될 수 있다. 사실 여성 인력과 파견 제도는 서로 잘 맞는 측면이 있다. 실제로 여성 인력이 파견 근무에 대한 만족도가 매우 높다.

특히 일본에서 여성 인력 파견 사업으로 크게 성공한 '템프스텝'의 70대가 넘은 여사장인 시노하라 요시코(篠原欣子)에 의하면, 일본은 선진국 중에서도 가장 왕성하게 일할 수 있는 25~35세 여성들의 취업률이 매우 낮은 나라라고 한다.

경력 단절형 인재가 많다는 점에서 일본은 우리나라와 닮아 있다. 일본에서의 여성 인력 파견 방식을 잠시 소개하자면, 파견 인력이라도 근무 시간을 비교적 자유롭게 정할 수 있다. 그래서 아이를 등교시키고, 오후에 시간이 남을 때 근무를 할 수 있다.

시노하라 요시코는 일본에서 처음으로 여성 중심의 인력 파견 사업을 책상 하나에 전화 한 대를 놓고 시작했다고 한다. 5년 정도 혼자 일하면서 수많은 어려움을 헤쳐나가다가 결정적으로 사업의 전환을 맞이하게 되었다고 한다. 너무 힘들어 투잡 형식으로 밤에 영어 회화 교실을 만들었는데, 이것이 큰돈을 벌어주었던 것이다. 게다가 이 영어회화 교실에서 공부한 여성들을 도쿄의 외국계 회사에 인재 파견을 하면서 사업이 순풍에 돛을 단 듯이 성장하게 된다.

여성 인재 파견 사업을 성공적으로 수행하기 위해서는 그 전 단계로 외국어 학원 사업을 먼저 시작해야 한다. 영어 혹은 일어, 스페인어,

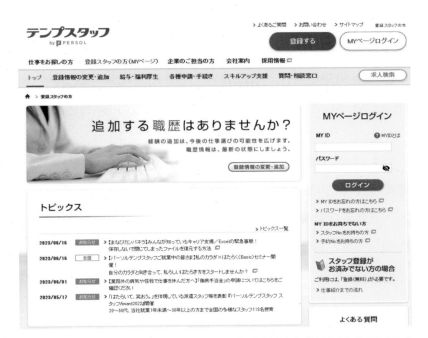

〈일본 '템프스텝'은 단기 및 중기로 파견 근무가 가능한 여러 분야에 여성 인재를 매치시켜준다〉
출처 : www.tempstaff.co.jp/personal/feature/jobseekers/

프랑스어, 독어, 아랍어 등 다양한 언어를 직무에 적용해서 사용할 수 있도록 비즈니스 외국어 학원을 시작해 언어별 인재풀을 만들어놓아야 한다. 이 사업의 핵심은 해당 언어별 인재풀을 제대로 갖추느냐에 달려 있다.

가장 접하기 쉬운 만국 공통어인 영어부터 시작하자. 낮에는 비즈니스를 준비하면서, 밤에는 영어회화 교실을 만들어 돈도 벌면서 인재풀을 구축하는 것이다. 즉, 낮에는 외국계 기업에 비즈니스를 알리면서 단기, 중기 인재 파견 관련 MOU를 맺는 업무를 진행한다. 그리고 창업자가 육성한 외국어가 가능한 인재들을 기업에 연결시켜주면 이 비즈니스는 잘 풀리게 될 것이다. 만약 외국어 학원을 할 형편이 안된다면 기존 외국어 학원 사업을 하는 기업들과 협력 체계를 갖추면 된다. 하지만 절대적으로 필요한 것이 인재풀임을 잊어버려서는 안 된다.

기혼 여성일지라도 파견 직원이기 때문에 근무 시간을 비교적 자유롭게 정할 수 있다. 아이를 등교시키고, 오후에 시간이 남을 때 근무하는 시스템을 구축하면 되는 것이다. 정규직원보다 파견 사원을 선호하는 인재에게도 열린 기회를 줄 수 있어 많은 호응을 얻으리라 본다.

큐레이션 업체를 위한
배송 대행업

2020년 들어서부터 구독경제가 대세가 되었다. 구독경제는 온라인 상거래 발달과 소비자 취향의 다변화로 등장한 새로운 업태라고 할 수 있다. 원하는 서비스에 정기적으로 사용료를 지불하는 소비자들이 대거 등장하면서 탄생했는데, 그 효시는 여성을 위한 화장품이었다.

구독경제 초기 단계에서는 화장품과 일상용품 몇 가지에 국한되었던 품목이 지금은 상당히 다양해지고 깊이를 더하고 있다. 동영상 스트리밍 서비스인 넷플릭스나 음악 감상 서비스 스포티파이 등이 구독경제를 상징하는 대표적 사례다.

그래서 소유의 시대가 가고, 사용의 시대가 왔다는 표현을 하곤 한다. 제품이나 서비스에 대한 소유권보다 사용권(usership)을 가지는 것을 즐겨 하기 시작했다. 과거의 유통 패러다임으로서는 이해하기 힘든 일이겠지만, 전 세계 소비자들의 소비패턴이 변하고 있다. 당연히 구독경제에 뛰어든 업체와 상품, 서비스가 상당히 다양해지고 있다. 그런데 구독경제에 참여하는 업체가 많아지면 많아질수록 당연히 이들을 도와주는 새로운 비즈니스가 탄생하는 게 당연하지 않겠는가.

사례 1 : (여성) 의류제품

여성 의류 구입 및 쇼핑에 들이는 시간과 노력을 줄이는 방법을 도와주는 구독 서비스로 '스티치픽스(Stitch Fix)'가 있다. 사업 시작 4년 만에 매출 12배를 기록하며, 상장에 성공해 주목받고 있는 회사다.

〈스티치픽스는 여성용, 남성용, 키즈용 의류를 구독형으로 배송해주는 의류 플랫폼 회사다〉
출처 : www.stitchfix.com/kids

사례 2 : 화장품

2010년 하버드 MBA 출신의 2명의 여성에 의해 탄생한 '버치박스 (Birchbox)'는 정기배송(subscription) 서비스, 구독경제를 탄생시킨 업체다. 두 창업자는 소비자들이 여러 화장품을 시제품으로 사용해본 뒤 마음에 드는 제품만 정품으로 사고 싶어 한다는 것을 파악한 후, 매달 10달러를 내는 조건으로 5~6가지 종류의 화장품 샘플을 박스에 담아 배달하기 시작한 것이다. 제품에는 스킨케어 제품, 향수, 유기농 제품 등 다양하다.

이 업체 이후로 화장품을 구독경제의 아이템으로 선정한 기업이 전 세계적으로 많아졌다.

〈버치박스는 세계 최초로 화장품을 주 아이템으로 구독경제를 시작한 회사다〉

출처 : www.birchbox.com/membership

사례 3 : 생리대 및 성인 기저귀

여성이 매달 사용하는 생리대 등 위생용품은 안전성이 가장 중요한데도 유해성 논란이 끊이지 않고 있다. 정기구독 서비스가 이 상황을 놓칠 리 없다. 친환경 유기농 순면으로 만든 생리대와 팬티라이너, 탐폰 등 위생용품을 주기적으로 배송하는 제조 업체가 계속 탄생 중이다.

제품의 안정성을 위해 미국 친환경 인증기관으로부터 유기농 순면 커버 인증을 받은 소재를 사용해 제품을 생산하는 것은 기본이고, 나아가 국제 유기농 인증 및 독일 피부 시험 최고등급 획득과 함께 알레르기 유발물질 몇십 종의 불검출 확인을 받기도 한다.

나이가 젊은 소비자뿐만 아니라 나이 든 시니어분들 중 요실금 등으로 기저귀를 생활화한 분들이 많기 때문에 이분들을 대상으로 하는 정기 배송서비스 사업도 가능하다. 기저귀뿐만 아니라 이 계층이 필요

〈해외에는 여성용품을 구독경제 방식으로 배송하는 업체가 상당히 많다〉

출처 : cora.life/pages/our-story-2020

로 하는 품목군을 지속해서 개발한다면 상당한 배달 물량이 예상된다.

이처럼 제품의 크기가 크지 않고, 무게도 많이 나가지 않으면서 주기적으로 구매를 꼭 해야만 하는 제품군 업체가 정말 많다. 이런 구독경제에 뛰어든 업체를 위해 정기배송을 대행해주는 특화된 배달 업체를 창업하는 것이 이 사업의 핵심이다. 그야말로 니치 마켓 중의 니치 마켓이다. 여성용품 위주로 된 제품군에서 여성이 직접 배달해주는 서비스다. 물론 해당 업체가 직접 배송까지 운영하기도 하지만, 여성용품 위주의 배송 전문 업체가 경쟁력이 있다고 생각된다면 언제든지 여성용품 배송 대행 업체로 바꿀 수 있을 것이다.

젊은 여성을 대상으로 하는 품목에 국한하지 말고, 시니어를 위한 위생용품 제품군까지 품목을 넓히는 전략도 필요해 보인다. 나이가 든 여성일수록 이러한 편하고 쉬운 배송 방식을 원할 것이다. 시니어 회원에 시니어 배달요원이 직접 배달해주는 서비스까지 기획해보는 것은 어떨까.

시나리오 작가,
윤문 작가 & 대필 작가

세계적인 공전의 히트를 친 〈겨울왕국〉의 시나리오를 집필한 제니퍼 리(Jennifer Lee) 디즈니 CCO가 어렸을 적에 왕따를 당하고 괴롭힘을 당한 소녀였다는 사실을 아는지 모르겠다. 그녀는 괴로울 적마다 모험담을 상상했고, 자신만의 이야기에 몰두해 세계적인 작가 대열에 올라서게 되었다.

학창 시절 당한 왕따와 괴롭힘이 나중에 창작의 토대가 되었으니 그녀에게 고난은 인생역전의 기회가 된 셈이다. 그녀는 학창 시절, 매일같이 아이들의 놀림을 받는 역경 속에서도 인내하는 신데렐라를 보며 견뎌냈다고 한다. 그녀는 신데렐라가 자신을 위로한 것처럼 다른 사람을 위로하는 이야기를 쓰고 싶다는 목표를 꾸준히 밀고 나가 결국 세계적인 작가가 되었다.

〈디즈니 작품 중에서 가족애, 특히 언니와 동생 간의 자매애에 초점을 맞춰 대성공을 이룬 작품
〈겨울왕국 1, 2〉〉

출처 : frozen.disney.com/

　마찬가지로 어린 시절에 역경을 겪었지만 글 쓰는 것을 좋아하는
분들은 시나리오 작가에 도전해보자. 자신이 겪은 고난을 공유하고
비슷한 부류의 사람들을 치유해줄 수 있는 이야기를 써보자. 어려움을
극복해서 성장하는 드라마를 만들어보자.

　만약 책 읽는 것을 좋아하고 쓰는 것을 좋아한다면, 윤문 작가 또는
대필 작가 등의 프리랜서로 자리매김할 수 있다. 책에 대한 애정이 넘
치는 사람이라면 매일 책에 둘러싸여 있을 수 있고, 무료로 책을 볼 수
도 있으니 일거양득 아닌가! 윤문 작가로 이름이 날리면 기업체 혹은
공공기관으로부터 카피라이팅 의뢰도 받을 수 있게 될 것이다. 공공기

관이 매월 만드는 사보라든지, 프로젝트성 일감이 계속 올 가능성이 큰 직업이다.

윤문 작가를 하다가 어느 정도 필력에 탄력이 붙으면 정식 작가로 등극하는 경우도 상당히 많다. 그리고 영화 시나리오 공모전도 많고, 웹툰 작가들에게 스토리를 팔 수도 있는 세상이다. 그만큼 도전하는 자에게 크게 열리는 세상이다. 수많은 인기 웹툰 작가에게 본인의 창작물의 시놉시스를 전달해서 인연을 맺어보자.

어린아이를 돌보면서도 충분히 작업이 가능하고, 작업 시간과 장소를 마음대로 정할 수 있기 때문에 경력 단절 여성에게도 가능한 비즈니스다.

CEO를 위한
글로벌 명상센터

불교 철학에 관심이 많고, 명상을 매일같이 수행하는 사람이라면 명상센터를 권하고 싶다. 최근 미국이나 유럽에서도 명상이 상당히 발전하고 있다. 불교를 중심으로 전개되는 명상은 세상이 발전할수록, IT 기술이 발전하면 할수록 그에 비례해서 발전하고 있는 중이다.

내가 방문한 미국이나 영국, 호주, 프랑스 등 주요 도시에서도 명상센터를 쉽게 발견할 수 있었다. 프랑스 플럼 빌리지와 레랍링, 아일랜드 족첸베라 명상센터, 영국 아마라바티와 담마디파 센터 등 불교 명상센터가 성황리에 운영 중이다.

명상센터는 보통 시골이나 산속에서 진행되는 것이 정석이다. 수행을 중심으로 하는 대부분의 명상센터는 도심에서 벗어나 자연과 벗하

〈플럼 빌리지의 메인 명상홀〉

출처 : plumvillage.org/articles/the-taste-of-the-insight/

고 있다. 하지만 거의 모든 선진국의 명상센터는 도심 중에서 사람들의 왕래가 잦은 장소에 위치한다. 인터넷에 '세계적 명상센터'를 찾아보면 상당히 많은 정보가 올라와 있다. 하나의 나라 혹은 하나의 도시에서 진행되는 것이 아니라 글로벌 비즈니스처럼 명상센터가 전 세계에서 진행되고 있다.

대부분의 명상센터 지도와 운영은 스님과 재가자가 공동체로 참여한다. 대체로 호흡에 집중하는 마음챙김 위주의 수업이 많다. 영국 담마디파 센터는 유럽에만 6곳, 전 세계 200여 센터의 네트워크로 구성되어 있다. 이곳은 늘 대기자가 정원의 3배나 될 정도로 높은 호응을 얻고 있다. 모든 센터는 일과에 따라 명상과 노동, 행선을 병행한다. 또한, 단순히 명상뿐만 아니라 요가 등 다양한 프로그램을 진행하는 곳도 있다. 우리나라에서도 대도시를 중심으로 한 명상센터 수요가 분명히 많으리라 예상된다.

법정 스님은 "명상이란 우리들의 일상적인 삶과 다른 무엇이 아니라 깨어 있는 삶의 한 부분이다. 무슨 일에 종사하든 간에 자신이 하는 일을 낱낱이 지켜보고 자신의 역할을 지각하는 것이 명상이다"라고 하셨다. 깨어 있는 삶을 살고자 하는 분들을 모아서 함께할 수 있는 자리와 프로그램을 준비하면 되는 사업 아이템이다.

'명상' 관련해서 떠오르는 위인이 있다면 바로 스티브 잡스(Steve Jobs)다. 그는 살아 있을 때, 자신의 창의력 원천은 '명상'이라고 밝힌 바 있다. 그는 애플 스마트폰을 개발해 세상에 알리기까지 자신만의 창의력 원천이 대부분 명상에서 비롯되었음을 밝힌 바 있다.

디지털 기술의 발달로 현대인들을 잠시도 쉬게 만들지 않는 환경 속에서 잠시나마 나를 찾아가는 시간이 필요한 시대다. 특히 선진국일수록 스트레스에서 벗어나 정신 건강을 챙기기 위한 도구로서 명상 산업이 빠르게 성장하고 있다.

필자가 주목하는 대상은 기업의 CEO들이다. 이들에게 명상을 가르치는 사업을 전개하는 것이다. 기업을 운영하는 CEO들의 사업 스트레스와 고민 등을 풀어줄 수 있는 명상센터는 국내에 국한되는 사업은 아니다. 사업 기획 단계에서부터 전 세계를 대상으로 하는 비즈니스를 기획하자. 목표 고객을 CEO로 하면 좋은 이유는 이들에게는 네트워크 파워가 있기 때문이다. 한번 입소문이 나면 감당하기 힘들 정도로 고객이 늘어나리라 예상된다.

향후 명상 프로그램을 도입하려는 기업과 학교가 늘어나고 있다. 또한, 스마트폰 앱도 대거 출시되고 있다. 분명 찾아보면 꽤 큰 시장을 발견하게 될 것이다. 과거, 퇴직을 앞둔 중장년층들이 모인 명상센터 이미지를 갖고 있다면 오산이다. 지금은 젊은 MZ층 사이로 침투하고 있다. 타깃 고객이 변하고 있다는 이야기다. 돈은 많지만 시간이 없는 CEO 층에 집중하라!

09

해외 & 국내
한 달 살기 대행사

코로나로 새롭게 나타난 현상 중 하나가 '한 달 살기' 트렌드다. 많은 이들이 코로나로 인해 해외 여행은 어려우니 그 대안으로 국내의 한적한 동네에 가서 여유로움과 안빈낙도를 꿈꾸는 삶에 도전하기 시작했다. 강릉·속초·영덕·제주 등이 코로나에 지친 삶을 위로해주는 '한 달 살기' 도시로 유명해졌다. '한 달 살기'는 중장년층뿐만 아니라 젊은 세대에게도 인기다. 재택근무가 보편화되었기 때문으로 보여진다.

노트북을 들고 거리 두기가 가능한 한적한 지역을 찾아 일도 하고 남는 시간은 동네 한 바퀴를 어슬렁거린다. 한 달간 바쁜 관광 대신 느린 어슬렁거림을 택한다. 집콕으로 인해 몸이 근질근질한 어린 자녀를 둔 엄마 입장에서도 한 달 살기는 색다른 가족애를 발견할 기회를 되기도 한다. 또는 오랫동안 꿈꿔왔던 창업을 실행하기 전에 휴식 겸 사업 구상을 위해 작은 도시를 택한다.

만약 국내 한 달 살기 대행사를 설립한다면 경쟁사들의 현황부터 잘 살펴보자. 국내 장기 숙박 예약 대행 업체, 농어촌 여행 전문 기업 등이 있을 수 있다. 해당 도시에서 한 달간 살면서 해당 지역 문화를 배워보는 문화센터 프로그램 알선 및 기획도 중요하다. 그리고 초등학생 이하 자녀를 동반해 한 달 살기를 할 경우, 응급실이 있는 병원과 도시 생활과 너무 동떨어지지 않은 인프라를 갖춘 시설을 소개해주는 것도 사업 성과에 상당히 도움을 주리라 예상된다. 즉, 도시에서 내려온 한 달 살이 실행자를 위한 여러 편의시설과 교양 프로그램을 미리 잘 준비하고, 참여할 수 있도록 도움을 주는 서비스를 기획하면 된다.

그런데 국내 한 달 살기는 말이 통하고, 해당 지역의 문화를 알고 있으니 다른 이의 도움이 필요하지 않을 수도 있다. 하지만 해외에서의 한 달 살기는 엄두를 내기가 쉽지 않아 보인다. 우선 언어부터 시작해서 모든 게 어렵다. 그렇기에 해외 한 달살이를 하려는 분들을 위한 대행사는 좋은 사업 콘텐츠로 보인다.

우선 해외 여러 나라 중에서 어느 도시의 물가가 안정적이고, 치안이 좋은지에 대한 기본 정보 및 현지 생활에 대한 정보를 사이트에 올리면 좋을 것이다.

예를 들면, 일본인들이 살고 싶은 동네 베스트 3에 대한 설문조사 결과를 알려주어도 좋다. 일본 최대 인재회사 리크루트의 부동산 정보

사이트 스모(SUUMO)가 발표한 '2022년 살고 싶은 동네 순위 수도권판'에서 1위는 요코하마시, 2위는 기치조지, 3위는 사이타마현 오미야였다. 이런 귀중한 정보는 많으면 많을수록 좋다. 이런 좋은 정보를 지속해서 얻기 위해 특파원 제도를 도입해도 좋다. 유명 도시에 사는 현지인 중에서 특파원도 하면서 용돈을 얻을 수 있도록 시스템을 구축하면 된다. 물론 해당 도시 특파원을 선발하기 위한 매뉴얼을 제대로 만든 다음에 진행해야 할 것이다. 특파원 시스템이 제대로 갖춰지면 정말 좋은 것이 현지인들은 해당 도시의 의료시스템을 잘 알고 있으므로 최악의 경우를 대비한 의료 시설과의 연결도 가능해 보인다.

전체 프로그램에 대해 SNS, 블로그 등을 통해 알려야 할 것이다. 한 달 살기에 적합한 에어비앤비 숙소라고 하더라도 안전한 지역에 나온 에어비앤비 숙소를 추천해줄 수 있을 것이고, 음식에 대한 정보, 반나절 투어 혹은 원 데이 투어 등 걷거나 대중교통을 이용한 투어 프로그램, 인근 도시 방문 프로그램 등 한 달을 편하게 쉬면서 현지인처럼 살아갈 수 있도록 다양한 도움을 주면서 해당 서비스 요금을 받는 비즈니스가 가능해 보인다.

이 사업의 핵심은 해당 도시만의 문화 전달 능력이자 프로그램 기획력에 있기 때문에 능력 있는 특파원의 선발, 유지가 관건이다. 이 사업의 첫 번째 핵심 고객은 은퇴를 앞둔 50~60대가 좋을 것으로 보인다. 은퇴하고 나서 '노는 게 힘들다'라고 하소연하는 남성들이 많기 때문이다. 은퇴 후 바로 할 일이라는 명제를 가지고 이들에게 접근하면 좋겠다.

'은퇴 후 맨 처음 할 일은 지금까지 너무 혹사한 나에게 주는 선물'
이라는 슬로건으로 시작하면 좋겠다. 사실 30여 년간 직장에서 가족
을 위해 온 젊음을 투자한 셈이니, 몸도 마음도 많이 지쳐 있을 것이
다. 이분들에게 제2의 인생을 살기 위한 '부부, 해외에서 한 달 살기 여
행'을 제안하는 것이다. 직장과 집만 오가며 사회적 역할 수행에 충실
했던 남성들에게 은퇴 후 어떤 삶을 살 것인지 아내와 오순도순 이야
기하면서 남은 인생을 설계하는 아주 뜻깊은 시간을 제안하는 것이다.

〈해외 한 달 살기에 적합한 도시여행을 제안하는 여행사가 상당히 많다. '1 Month+ Europe
Tours & Trips'이라고 검색하면 많은 여행사 제품이 나온다. 그중 하나인 '투어레이더'이다〉

출처 : www.tourradar.com/

라이브 방송 진행 대행사

시청 중 클릭하면 구매가 바로 가능한 라이브 커머스 시장이 점점 커지면서 소비자들에게 즐거움과 쇼핑의 기회를 주고 있다. 이 '라방' 시장이 커지다 보니 많은 유통 업체들이 자체 브랜드인 PB 제품을 팔기 위한 채널로 '라방'을 채택했고, 나아가 '유튜브'로 동시 송출이 가능하록 사전 업무 조율을 완료했다.

지금까지 케이블 방송의 홈쇼핑 채널에서 제품을 팔던 것이 개인 방송인 유튜브, 그리고 라방 전문 방송을 통해 24시간 계속 송출이 가능한 세상으로 변하고 있다. 누구나 '그립' 같은 플랫폼에 자신만의 '라방'을 개설하고, 라이브 커머스를 시작할 수 있는 오픈 커머스 세상이다.

그러다 보니 취급하는 제품의 종류와 수도 늘어나고, 고객층 또한 10~30대로 넓혀지고 있다. 당연히 전체 시장 규모도 해가 다르게 성장 중에 있다(KTB투자증권에 따르면, 국내 라이브 커머스 시장 규모는 2025년 30조 원대까지 성장할 것으로 예측된다).

일반 대형마트의 입장에서도 신제품을 출시하게 되면 새로운 고객층에게 이를 홍보하면서 동시에 매출까지 올릴 수 있는 양수겸장(兩手 兼將)의 마케팅 전술을 마다할 이유가 없다. 소통을 중시하면서 모바일 커머스에 친숙한 젊은 고객을 끌어들이기 위한 업태이기에 오프라인 중심의 대형마트를 포함해 온라인 중심으로 성장 중인 네이버, 카카오 등도 라방 비즈니스에 상당히 적극적이다. 국내뿐만 아니라 해외 소비자를 위한 라방 비즈니스까지 진출 중이다.

네이버는 국내 라이브 커머스 사업 성공 경험을 자산으로 라인과 연합해 일본과 동남아시아에 'K 라방'을 확산시키는 방안을 고려 중이라고 한다. 반면 카카오는 자체 라이브 커머스를 진행하면서 전격 인수한 그립까지 투입하는 투 트랙 전략으로 해외 진출을 진행할 듯 보인다.

라이브 커머스를 적극적으로 도입하고 가장 활발한 나라는 중국이다. 2016년부터 라이브 커머스를 시작한 중국에서는 타오바오, 징동 등 전자상거래 대표 플랫폼들이 라이브 방송을 개설했다. 여기에 '왕홍'이라 불리는 인플루언서들이 가세하며 엄청난 파급력을 미치기 시작했다. 중국 라방에서 판매하는 품목은 간단한 생필품부터 자동차, 부동산 같은 고가품까지 정말 다양하다.

예를 들어, 중국 유명 인플루언서 왕홍인 웨이야(薇娅)의 경우, 라이브 커머스 방송 시작 7분 만에 둥펑자동차 1,700대를 판매했다고 한다. 이렇게 발전한 중국 라이브 커머스 시장 규모는 2020년 기준 9,610억 위안(한화 164조 6,500억 원)에 달한다(KOTRA 자료).

그러므로 이제부터 라방을 진행할 전문적인 진행인들을 필요로 하게 된다. 아무나 라방을 개설하고 라방 커머스를 진행할 수는 있겠지만, 시청자들의 눈높이가 높아진 만큼 전문 진행인이 점점 더 필요해지는 것이다. 여기에 새로운 사업 기회가 생긴다.

중국처럼 라방에 특화된 인플루언서를 찾아내 대표 진행자로 등극시키는 것이다. 라방은 인플루언서의 영향력이 상당하다는 점을 잊지 말기 바란다. 이제부터 우리나라도 라방 운영을 대행해주는 비즈니스가 탄생할 수 있다. 직접 방송 플랫폼이 아니라 라방 방송 플랫폼에 입점해서 활약할 업체를 대신해서 해당 업체의 상품이나 서비스를 대신 팔아주는 대행사가 필요하다는 이야기다.

필자가 유통 업계에 30여 년 일하다 보니 아무리 제조 업체의 생산품이 잘 만들어졌다고 해도 유통 업체의 마케팅력을 제대로 활용하지 못한다면 경쟁력이 없는 그저 그런 업체로 자리매김할 수밖에 없다는 결론이다. 그래서 강력한 마케팅력을 대신해줄 유통 업체는 꼭 필요하다. 제조 업체는 제조에만 신경을 쓰고, 유통 업체는 유통 마케팅에만 전념하는 선택과 집중 전략을 진행해야 한다. 즉, '라방' 커머스를 위해서는 라방을 가장 잘 해줄 수 있는 대행 유통 업체가 필요하다.

〈중국에서 라방으로 가장 유명한 '타오바오' 라방 페이지〉

출처 : ecommercechinaagency.com/taobao-live-live-streaming/

참고로 라방 방송 시 유의해야 할 5가지 사항을 알려드린다.

첫째, 이름을 불러주어라.

라방을 진행하면서 본인의 라방 프로그램에 들어오는 시청자의 이름을 불러주어야 한다. 라방은 시청자와 함께하는 현재진행형 커머스라는 것을 잊어서는 안 된다.

둘째, 처음 5~10분은 이야기를 나누어라.

처음부터 팔 물건을 이야기하지 말라. 라방을 시작하자마자 너무 속 보이게 갖고 나온 상품에 관해 이야기를 하지 말라. 적어도 5~10분 동안은 사는 이야기, 세상 사람 이야기, 본인 이야기 등 시청자와 공감대를 맞춰라. 그야말로 튜닝을 맞춰라. 분위기를 파악하고 시청자들과 호흡을 맞추는 워밍업 시간을 반드시 가져야 한다. 바로 주제로 넘어가지 말고, 브레이크 타임을 가져라. 그리고 그사이에 (1) 사람들이 들어오고 있는지, (2) 마이크는 잘되는지, (3) 화면은 좋은지 등을 체크하라.

셋째, 구체적이고 특별한 느낌의 칭찬을 해주어라.

라방을 하다 보면 시청자로부터 많은 질문을 받게 된다. 질문이 오면 바로 질문에 답하지 말라. 질문에 대한 답변을 시작하기 전에 "아주 좋은 질문입니다. 제가 미처 생각지 못한 좋은 내용입니다"라는 식으로 먼저 시청자를 칭찬해야 한다.

넷째, 무례한 시청자에게는 단호하게 대처하라.

라방을 하다 보면 상식 밖의 시청자가 나오게 마련이다. 이런 경우를 대비해서 항상 미리 준비해야 한다. 거친 말과 행동을 하는 시청자가 나오면 다른 사람에게 피해를 주니 삼가시기를 바란다고 1차 경고를 하라. 이는 다른 시청자를 보호하기 위한 전략이다. 시청자들이 눈살을 찌푸리게 되면 다시는 그 방송을 함께하지 않을 것이다. 만약 계속 무례하면 바로 차단해야 한다.

다섯째, 슈퍼챗을 보내준 시청자에게는 꼭 감사를 표현하라.

라방을 하다 보면 슈퍼챗 같은 감사한 행동을 해주는 시청자가 있게 마련이다. 이때, 반드시 감사의 멘트를 표현해야 한다. 행동까지 해주면 더욱 좋다. 그것이 슈퍼챗을 보낸 시청자에 대한 기본적인 예의일 것이고, 예비 슈퍼챗 시청자분을 독려할 수 있는 계기가 될 것이다.

외국인 가사도우미
공급 서비스

여성의 경력 단절이 사회적 문제가 된 지 꽤 오랜 시간이 지났다. 하지만 아직도 해법 없이 문제만 계속되고 있다. 지자체들은 앞다투어 경력 단절 여성을 위한 프로그램을 만들어내고 있지만, 거의 실속 없는 일시적 행사에 그치고 있다.

그렇다면 여성들의 경력 단절이 오지 않도록 하려면 어떤 대책이 필요할까? 결혼과 함께 찾아오는 개인의 경력 단절 위기를 어떻게 극복할 수 있을까? 여성의 지속적인 직장생활을 유지하기 위해서는 국가적 사회 시스템이 구축되어야 할 것임에도 불구하고, 아직도 대한민국은 정체 상태다.

하지만 이런 문제를 아주 잘 해결하고 있는 나라가 있다. 바로 홍콩이다. 홍콩 여성들의 가사 해방과 경력 단절의 위기를 극복한 방법은 바로 외국인 도우미 제도의 도입이다. 홍콩은 보통 집에 동남아 출신의 가사도우미를 두고, 가사와 육아 보조를 맡기는 사회 시스템이 정착된 지 오래다. 이 시스템으로 홍콩 여성들은 다니던 직장에서 더 열심히 근무도 할 수 있고, 저녁 시간에는 유명 MBA 수업도 들으면서 자신의 커리어 상승을 위한 자기 계발에도 적극적이다. 그래서 남성 입사동기생들과의 경쟁에서 절대 뒤처지는 일이 없다.

2013년 기준, 홍콩에서 가사도우미를 이용하는 가구 수를 살펴보면, 전체 230만 가구 중 13% 정도라고 한다. 대략 8가구당 1가구는 가사도우미가 가사 노동을 전담하고 있는 것이다.

대한민국은 출산율 세계 최저이면서 고령화 속도가 가장 빠른 나라다. 지금 당장 외국인 도우미 시스템을 구축하지 않으면 안 되는 시기임에도 불구하고, 정부는 아직 남의 집 불구경인 듯싶다. 다행히 2023년 하반기, 외국인 가사도우미 허용을 내용으로 하는 입법이 진행 중이다. 여성 경제활동을 촉진하고 생산성 향상에 도움이 될 것이라는 기대를 하고 국회가 이제야 움직이기 시작했다. 물론 외국인이 국내에 들어오게 되면 부작용이나 역효과에 대한 염려도 있게 마련이다. 그렇지만 이런 부분은 이미 외국인 가사도우미 제도가 안착한 홍콩이나 싱가포르를 벤치마킹하면 된다. 크게 걱정할 일이 아니다.

'외국인 가사 근로자법'이 시행된다면, 외국인 가사도우미 관련 새로운 비즈니스가 많이 탄생하리라 예측되기 때문에 남보다 빠른 실행력이 필요하다. 인도네시아, 태국, 필리핀 등 동남아 국가의 고학력 취업 희망자와 영어가 가능한 가사도우미를 원하는 가정에 연결해주는 외국인 가사도우미 공급서비스 사업을 지금 창업해보자.

　이런 서비스를 사업화하기 전에 준비해야 할 것들도 많다. 외국인 가사도우미는 다른 업종에서 종사하지 못하도록 계약서에 명시하고, 위반 시에는 비자 철회라는 규제사항을 넣으면 될 듯싶다. 동시에 외국인 가사도우미 서비스를 제대로 정착하기 위해 휴가 등 복지 제도를 도입하고, 현장 투입 전 일정 기간 교육과 실습 과정을 거쳐야 하는 등의 사전 준비가 필요해 보인다.

　이런 새로운 비즈니스는 일과 가정 중 하나를 포기해야만 했던 젊은 여성들에게 사회 참여 및 남성과 동등하게 경쟁할 수 있는 기회를 줄 수 있을 것이다.

여성 신변 보호
비즈니스

세계 어느 곳을 가더라도 여성을 공격 목표로 한 테러는 상당히 많이 발생하고 있다. 대부분의 여성들은 자신에게 갑자기 발생할 수도 있는 테러에 너무나도 무방비한 상태다.

#사례 1 : 늦은 밤 으슥한 곳뿐만 아니라 이제는 언제 어디서든 강력범죄가 일어나고 있는 세상이다. 치안이 비교적 좋다는 부자 동네도 예외는 아니다. 서울 부촌에 입주한 한 고급 백화점 주차장에서 쇼핑을 마치고 귀가하려던 여성이 차에 타려는 순간 강도가 나타나는 사건도 계속 발생 중이다.

#사례 2 : 어느 날 길을 가다가 뺑소니 교통사고를 보고 신고를 했더니, 해당 뺑소니범이 신고자의 정보를 어떻게 알았는지 신고자 집을

찾아와 죽이겠다고 협박을 계속한다. 혹은 불을 지르려는 술 취한 취객을 경찰에 신고했더니, 신고자 정보를 어떻게 알아냈는지 매일 찾아와 소주병을 집 앞에 던지고 고래고래 소리를 지른다. 이러한 보복 범죄가 자주 발생하고 있다.

살다 보면 범죄는 항상 가까이에 있는데, 공권력은 어디에 있는지 모를 때가 상당히 많다. 그만큼 대한민국은 경찰에 대한 믿음이 상당히 낮은 편이다. 까다로운 신변 보호 신청서를 제출한다고 하더라도 내 신변을 보호해주는 전담 인력이 없어 제대로 운영되지 못한다. 신변 보호는 지구대에서 맡게 되는데, 늘 신고받고 출동해야 하는 지구대원들이 나만을 위해 24시간 신변 보호를 한다는 것은 거의 불가능하다.

사회적 약자인 유아와 여성을 향한 범죄가 날로 흉포화·지능화되기 때문에 대책 마련이 시급하다. 보복 범죄, 스토킹 범죄 등 물리적으로 약한 여성을 향한 테러와 범죄는 너무나도 흔하게 노출되어 있다. 그렇다면 언제까지 이런 무서운 삶을 살아야 할까? 당연히 이를 대비하는 보안 제품과 서비스가 탄생해야 할 것이다.

(1) 가디언 제도 : 지하 주차장같이 인적이 드문 곳에 혼자 가기 두려워하는 여성 고객을 위해 동행 서비스를 제공하는 비즈니스다. 혹은 누구와 따지러 갈 때 동행해주는 서비스다. 아무 말 없이 그저 옆에서 서 있는 자체가 안전이고 안심이다. 그야말로 존재만으로도 큰 위안을

주는 서비스다.

최근 들어 여성 싱글족이 점점 늘어나는 추세다. 싱글 인구의 증가는 많은 사회문화적 제도와 환경을 변화시키고 있다. 혼자 살기 때문에 안전에 관련된 부분에서는 거의 무방비 상태다. 그러므로 이를 대행해주는 서비스 및 상품의 비즈니스는 성공 가능성이 크다고 본다.

(2) 위치 전달 보디가드 앱 : 최근 직장인 A씨는 택시를 타기 전에 애플리케이션(앱)을 구동하고 탑승하는 습관이 있다. 자신의 위치를 실시간으로 지정한 사람에게 알려주는 앱으로, 주로 미리 지정해놓은 가족의 휴대전화에 택시 번호와 실시간 이동 경로가 2~3분 간격으로 문자로 전송되게 설계되었다. 만약 이동 경로가 집 방향이 아닌 다른 곳으로 가게 된다면, 가족들이 바로 경찰에 신고가 가능하다.

(3) 호신용품 : 아무리 앱이 발달했다고 해도 막상 현장에서 강도 혹은 치안범을 만나 스마트폰을 빼앗기면 말짱 도루묵이다. 가스 스프레이, 여성용 호신용 경보기, 혼자 사는 여성들을 위해 창틀에 설치하는 도어 경보기 등 상당히 많은 제품이 출시되어 있기 때문에 온·오프라인 쇼핑몰 사업도 가능성이 커 보인다.

대한민국은 신변 안전 사업이 발전할 가능성이 상당히 큰 나라가 아닐까 싶다. '나만 아니면 돼'라는 의식이 너무 팽배하기 때문에 범죄자에게는 낙원인 나라, 대한민국. 당연히 사회적 약자를 보호해주는 신종 서비스 사업이 탄생해야 할 것이다.

이 분야는 대형 기업들이 뛰어들기에는 시장 규모가 너무 작기 때문에 소상공인에게는 아주 좋은 비즈니스 영역이다. 또한, 디지털·인공지능·인터넷 네트워킹 등 첨단 IT로 무장한 대한민국에서 가장 먼저 선점할 수 있는 시장이라고 감히 말할 수 있다.

13

갑질 신고 대행 &
법률 서비스

대한민국만큼 불공정한 거래가 많은 나라가 있을까? 군대에서, 학교에서, 직장에서, 교회에서 등등. 사회 모든 분야에서 '갑'질이 서슴없이 행해진다. 우리는 '땅콩 회항' 사태를 아직도 잘 기억하고 있다. 이 사건은 대기업, 힘 있는 자들의 '갑질' 중에서 가장 작은 일부분을 보여준 사건이었다고 생각된다.

'갑질'이 습관화되고 생활화된다면 '을'의 입장에서는 어떻게 해야할까? 이런 경우에는 가만히 있지 말고 여론을 최대한 이용해야 한다. 진실을 알리는 것만이 우리가 할 수 있는 마지막 카드라는 것을 기억해주기를 바란다. 그래서 이런 사회적 피해자들을 위한 서비스가 필요하다.

사회에 나와 1~2년이 지나면 저절로 이 사회는 '갑'과 '을'로 맺어진 곳임을 알게 된다. '을'이 '갑'의 눈치를 보는 이유는 간단하다. '갑'과 '을' 사이에 힘의 불균형이 심하기 때문이다.

대기업이 납품권을 쥐고 있는 상황에서 거래 관계를 끊긴 중소기업은 한순간에 망하게 된다. 공무원은 정책 결정 과정에서 민간인이 쉽게 알기 어려운 규정을 내세워 막강한 권한을 행사한다. 법원에서 진행되는 모든 판결문은 일반인이 전혀 이해하기 힘든 용어를 사용해서 자신들만의 위용을 과시한다.

이제부터 오랜 사회적 폐단을 없애보자. 기존 갑을 관계를 뒤집는 반란을 시작해보자. 하지만 개인은 힘이 없다. 갑질에 대한 신고를 대행해주고, 어떻게 법으로 보호받을 수 있는지 알려주는 기관이나 서비스가 필요한 순간이다. 사회정의도 실현하고, 돈도 벌 수 있는 뉴비즈니스다. 자칫 잘못 처리하게 되면 갑질에 능숙한 업체나 개인은 대형 로펌을 앞세워 다시 공격을 가하게 될 것이다. 대부분 명예훼손 혐의로 고소 고발이 들어올 것이다. 그러므로 초기에 사건을 제대로 대처하려면 전문 법률서비스가 필요해 보인다.

뻔히 보이는 '갑'의 압력을 어떻게 개인 혹은 힘없는 일개 회사가 이겨낼 수가 있겠는가. 그러나 포기하지 마라. 당신만을 위한 갑질 신고 대행 및 법률 서비스 회사가 당신을 기다리고 있다. '갑'의 단발성 혹은 지속적 횡포를 계속한다면 이런 '갑질'을 잠재울 만한 '을'의 전략을 세우도록 도와줄 것이다.

내가 당하는 부당함을 제대로 대처함으로써 결국 '갑'의 사과 및 피해보상을 금전적으로 받아내는 과정까지 미리 잘 설계해야 한다. '갑질'을 습관적으로 하는 기업이나 오너에 대한 '을'의 반란이 시작된 것이다. '을'의 반란을 도와주는 뉴비즈니스를 사회는 적극적으로 원하고 있다.

북유럽 수입 아동복 쇼핑몰 사업

미국의 여성이 스웨덴의 아동복을 수입, 판매하는 사이트를 운영해서 대박을 터뜨린 사례가 있다. 이 미국 여성은 자녀와 함께 커플룩으로 입을 수도 있는 엄마의 의류도 함께 판매한다. 자연주의에 입각한 100% 친환경 면 제품 위주다. 인터넷 쇼핑몰을 통해 쏠쏠하게 수익이 발생하면서 점점 사업을 확장하고 있다.

10시간 이상 비행기를 타고 힘들게 외국에 나가 그냥 풍경만 보고 오지 말고, 이제부터라도 돈 벌 수 있는 사업거리를 찾아 여행을 떠나기를 적극적으로 권장한다. 패션기업 H&M(Hennes & Mauritz)도 스웨덴에서 탄생했다. 세계 패스트 패션업계를 평정한 H&M의 경영 철학은 '경쟁과 공존'으로 요약된다.

스웨덴에서 아동복 시장은 기존 제품 카테고리와 다른 양상으로 발

〈미국에서 엄마로서 스웨덴 유아동 의류를 수입해서 사업을 진행 중인 온라인 사이트인 '한나 앤더슨 닷컴'〉

출처 : www.hannaandersson.com/

전하고 있다. 최근에는 아이가 하나밖에 없는 집이 대부분이다. 당연히 이 아이에게 입히는 것, 먹이는 것은 프리미엄 제품이 차지할 수밖에 없다. 그래서 그런지 고가 명품 브랜드가 아동복 시장을 거의 독점하고 있다. 옛날 같으면 형이나 언니가 입던 옷을 대물림해서 입혔지만, 이젠 상황이 다르다. 버버리 칠드런, 아르마니 주니어, 랄프로렌 칠드런, 리틀 마크제이콥스 등 소위 명품 브랜드가 이런 시장의 변화를 놓칠 리 없다. 이들이 만든 자(子) 브랜드들이 시장을 석권 중이다. 이런 명품 아동복 브랜드가 연평균 20% 이상 성장하며 세를 키우고 있다.

집안에 아이는 하나지만, 6개의 포켓(아빠, 엄마, 할아버지, 할머니, 외할아버지, 외할머니)에서 나오는 지원금이 적지 않으니 당연히 명품 프리미엄 브랜드 아동복이 대세가 된 듯싶다. 국내 고급 백화점들이 저마다 잘 팔리는 명품 아동복 라인을 경쟁적으로 유치하고 있기 때문에 국산 브랜드 아동복은 점차 백화점에서 설 자리를 잃고 있는 형국이다.

앞으로 스웨덴이나 덴마크, 네덜란드 등 북유럽에 갈 기회가 있다면, 우리가 모르는 아주 질 좋은 제품이 많으니 유심히 시장 조사를 하기 바란다. 전 세계는 이제 친환경 오가닉 제품을 선호하고 있다. 이런 친환경 오가닉 제품은 유럽 쪽에서 많이 발달한 산업이니 다른 곳보다는 유럽을 선택하길 바라며, 특히 북유럽을 집중적으로 연구하기를 바란다.

앞으로 유·아동 관련 시장은 '프리미엄'이라는 키워드와 함께 지속해서 발전하리라 예측된다. 백화점 수입 아동복 매출액이 해마다 늘어나는 현상이 이를 대변해준다. 키즈 시장이 급속히 커지고 있는 것은 다름 아닌 저출산·고령화 덕분이다. 이런 현상으로 인해 모든 가정에는 '식스 포켓'이 존재한다. 대한민국 아이들은 돈을 받는 주머니가 무려 6개나 된다. 이른바 '식스포켓 키즈' 현상은 더하면 더했지, 줄어들지는 않으리라 예측된다. 여기에 고모, 이모, 고모부, 이모부까지 합세한다면 텐(10) 포켓을 지닌 아이를 상대로 사업을 벌이고 있는 것이니 이 시장을 유념하지 않을 수 없다.

여행사 상품 비교 플랫폼

해외 패키지 여행을 하려고 하면, 각각의 여행사 홈페이지에 들어가 내가 가고자 하는 나라와 도시 등을 검색한 후, 그렇게 나온 여러 패키지 상품 페이지를 하나하나 다 열어봐야 겨우 정보를 알 수 있다. 약 1시간의 손품, 눈품을 팔아서 어느 1개 여행사의 여행 패키지 상품들을 보고 나면, 또 다른 여행사들의 홈페이지가 우리를 기다리고 있다. 지금까지 눈 빠지게 정보를 검색했는데, 이 일을 또 해야 할까? 한 번에 정보를 알 방법은 없을까?

필자는 아주 오래전에 '초저가 베이징 3박 4일' 여행상품으로 중국에 다녀온 경험이 있다. 바로 베이징에 도착하지 않고, 베이징에서 1시간 정도 떨어진 공항에 도착해 버스를 타고 이동한다. 또한, 도심에서 1시간 정도 떨어진 시골 같은 곳에 있는 호텔에 묵게 된다. 아침은 대충 뷔페식으로 먹고 나면 버스를 타고 이동한다. 태양을 피할 곳을 찾기 힘든 천안문 광장과 이화원 등을 대충 둘러보고, 조선족 가이드의 으름장으로 이상한 제품을 파는 상점을 6곳이나 의무적으로 들러야 했던 아주 기분 나쁜 여행 기억을 가지고 있다.

그 이후부터는 패키지 여행상품, 특히 저가 패키지 여행상품은 눈길도 주지 않게 되었다. 얼마나 조선족 가이드에게 치였던지 조선족이라면 믿음이 가지 않는 아주 나쁜 선입견까지 생겼다. 여기에다가 그 당시 이화원에서 지금은 돌아가신 선친을 잃어버리는 사건까지 발생해서 더욱 기분 나쁜 여행의 기억이다.

그런데 아마 이런 기분 나쁜 여행의 기억은 이 책을 읽는 독자분들에게도 한 번쯤은 있으리라 예상된다. 그래서 아마 저가 여행상품은 검은 안경을 쓰고 쳐다보는 습관이 생긴 분들도 꽤 많으리라. 사실 해외에 나가 해당 국가의 언어도 사용하지 못하는 형편에서 가이드의 횡포에 놀아난다는 것을 알면서도 당하는 기분은 정말 말로 표현하기 힘들다. 그리고 이런 불쾌한 경험을 국내에 돌아와 해당 여행사에 이야기한들 무슨 소용이 있겠는가!

가격 비교 사이트는 많은데, 왜 패키지 여행상품 비교 사이트는 없는가?

그래서 이런 불쾌한 경험을 사전에 방지하기 위한 특별한 서비스가 필요해 보인다. 바로 국내 여행사가 내놓은 여행상품을 비교, 평가해주는 플랫폼을 사업화하는 것이다. 하나의 여행사가 아닌, 대부분의 국내 여행사의 패키지 상품을 한꺼번에 비교·평가해주는 플랫폼 비즈니스다. 가격대별·도시별로 중첩되는 아이템을 선별해서 랭킹을 매기는 사이트를 선보이는 사이트가 있다면 좋지 않겠는가!

호텔 평가, 음식 평가, 방문 장소 평가, 가이드 서비스 등 다녀온 사람들의 항목별 평가를 점수로 만든 리스트 등의 정량적 요소와 해당 여행에 관한 전반적 체험담 등 정성적 요소를 모두 망라한 비교분석표를 제시해주자.

사실 자유여행을 준비하는 여행객의 대부분은 온라인에서 호텔 예약을 하게 된다. 이때 당연히 PC보다는 모바일 예약이 더 편하다. 하지만 사이트와 모바일 앱 종류가 워낙 다양하기 때문에 본인에게 가장 적합한 호텔을 찾는 것은 복잡하고 어렵게 느껴진다. 이처럼 패키지 여행을 비교, 평가해주는 사이트나 플랫폼은 아직 없기 때문에 사업적 발전 가능성이 커 보인다.

호텔 선택 시 먼저 해당 호텔을 이용한 체험자들의 이야기에 귀 기울여야 하고, 블로그나 SNS에 있는 광고성 글에 낚이는 경우를 최대한 피해야 한다. 패키지 여행 비교 플랫폼의 정보는 프로그램상 상당히 스크리닝이 필요해 보인다.

물론 사업 초기에는 광고에 의존하는 수입 구조겠지만, 어느 정도 사업이 정상화 궤도에 올라서면 커머스 비즈니스를 겸해야 할 것이다. 커머스 품목으로는 여행에 필요한 여행용품 카테고리와 해외에 다녀온 뒤 국내 지인들에게 줄 선물을 대신 구매 대행해주는 서비스까지 다양하게 사업을 확장할 수 있을 것이다.

그리고 국내 사업 진행과 동시에 세계 패키지 여행 비교에 관한 시장 조사를 병행하기를 바란다. 전 세계 패키지 여행을 준비하는 패키지 여행객들을 위한 큰 시장을 노려보자. 자국 위주의 패키지 여행을 전 세계 여행객으로 넓히는 전략으로, 아직 이 시장은 초기 단계이기 때문에 어느 정도 업력이 쌓이면 바로 진출해보면 좋을 것 같다.

부자 만들기
쇼핑몰

오래전의 TV 광고 중에 새해 인사로 "부자 되세요"라는 말이 유행한 적이 있었다. 현재 '부자가 되는 법'을 쓴 책의 숫자는 진짜 부자의 수보다 많아 보인다. 우리나라 국민 중에서 부자 되는 것을 싫어할 사람이 과연 있을까? 대한민국이 아니더라도 전 세계에 존재하는 인간 중에 부자 되는 것을 거부하는 사람이 있을까?

유튜브를 시청하다 보면 '부자' 관련 내용이 매우 많은 것을 알 수 있다. 그만큼 지구상에 존재하는 사람은 거의 누구나 부자로 살고 싶어 한다. 하지만 부자가 되는 길은 한 가지가 아니다. 정말 많은 방법이 있다. 물론 부자의 척도도 사람마다 다르겠지만, 어쨌든 사는 데 크게 돈 걱정 없이 살면 부자 아닌가 싶다. 일하지 않아도 연봉의 10%가 매월 꼬박꼬박 통장에 꽂히는 수준이면 부자라 칭할 수 있지 않을까 생각한다. 그렇다면 부자가 되기 위한 가장 효율적인 방법은 무엇일까.

여기에서, 전 국민을 상대로 하는 부자 되기 프로젝트 관련 상품과 서비스만을 모아서 판매하는 쇼핑몰 비즈니스를 제안한다. 과연 누가 부(wealth)를 마다하겠는가? 하지만 부는 누구나 만들 수 있는 것은 아니다. 부자도 부자 나름 아니겠는가!

자본주의 시장에서 돈에게 일을 시켜서 돈이 스스로 돈을 만들어낼 수 있도록 도움을 주는 책과 콘텐츠, 그리고 제품군들을 판매하는 쇼핑몰을 목표로 한다. 우선 어느 정도의 돈을 지닌 부자가 될 것인지 확실한 목표를 정한 후, 그 목표를 이룰 때까지 포기하지 않도록 도움을 주는 상품과 서비스를 판매하는 쇼핑몰이다. 의식주 관련해서 전 세계

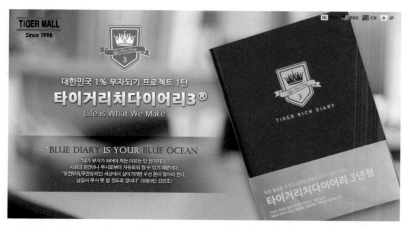

〈대한민국 1% 부자 되기 프로젝트를 진행 중인 '타이거몰'〉

출처 : www.tigermall.co.kr/index_diary

부자들의 라이프 스타일을 벤치마킹할 수 있도록 분위기와 장면을 만들어주면 좋겠다.

예를 들어, 디즈니에서 탄생한 여러 캐릭터 주인공들을 고급화시켜 판매상품으로 등장시킬 수도 있다. 180㎝ 높이의 미키마우스 조형물과 애니메이션 〈겨울왕국〉의 엘사 드레스, 그리고 〈토이스토리〉의 버즈 등 주인공 의류에 최고급 원단과 보석들을 치장해서 한정판으로 준비할 수도 있다.

'빨간 속내의를 입으면 돈을 많이 번다고 했던가?'
'중국 부자들은 이런 음식을 주로 먹는다던데….'
'중동의 부자들은 주로 거실에 이런 장식품을 준비한다던데….'

이케아 매장에 가면 한 장면으로 실생활 모습을 연출해주듯이 부자의 라이프 스타일을 각 장면으로 연출해주는 쇼핑몰 비즈니스에 도전해보자. 여기에 한정판 아트 상품, 나아가 작가와 구매자가 함께 마지막 작품을 만들어 소장할 수 있게 하는 세계에서 단 하나밖에 없는 아트 귀중품 등을 준비하는 기획력 등도 발휘할 수 있는 아주 매력적인 시장이다.

예전에 읽은 책 중, "가난한 사람은 저축을 하고, 부유한 사람은 투자를 한다"라는 문장이 굉장히 임팩트 있게 다가왔다. 부자는 돈 불리는 것이 일상생활이다. 돈 불리는 것, 투자에 몰두하는 소비자를 위한 의식주를 준비해보자. 당신의 고객이 1% 부자라면 그들에게 어떤 서비스를 준비해야 할까 거꾸로 생각하기 바란다.

참고로 부자들이 가장 중요하게 생각하는 자산이 뭔지 아는가? 바로 '시간'이다. 부자들에게 있어서 가장 귀중한 '시간' 자산을 잘 활용할 수 있도록 도움을 주는 서비스를 고민해보기 바란다.

신상품 정보와
커머스 플랫폼

우리는 신상품에 관한 이야기를 많이 한다. 그렇다면 하루에 얼마나 많은 신상품이 나오고 있을까? 그 많은 신상품 정보를 우리는 어디서 알게 될까? 또한, 새로 나온 상품은 모두 신상품이라고 할 수 있을까? 국내 제조 업체에서 제조한 상품을 비롯한 해외에서 수입된 수많은 제품이 계속 대형마트나 온라인 쇼핑몰에 진입하고 있다.

당신이 '얼리 어답터(early adopter)라면 관심 있는 분야의 신상품 정보를 계속 얻기 위해 많은 노력을 기울일 것이다. 하지만 우리가 알고 있는 신상품은 눈으로 보이는 제품군도 있지만, 눈에 보이지 않는 금융 상품이나 서비스 상품도 신상품군에 속하게 된다. 모든 생산 업체는 자신이 개발(제조)한 제품(서비스)을 가장 빨리, 가장 많은 소비자에게 적기에 알리려 한다. 이런 니즈를 사업에 반영한 것이 이 사업의 핵심이다.

각 기업의 홍보 담당은 플랫폼에 신상품 정보를 올려서 많은 소비자에게 알릴 기회를 무상으로 제공받는다. 이로써 신상품 얼리 어답터에 의한 상품 이용 후기 및 커머스 플랫폼 역할로 소비자는 여러 신상품 정보를 통해 새로운 라이프 스타일을 전개해나갈 수 있는 계기를 마련하게 된다.

국내 제조업, 금융업이나 유통 업체에서 개발한 신상품 홍보 대행 포털 플랫폼 비즈니스를 시작하기 위해 유형 상품과 무형 상품을 모두 다루는 신상품 정보 알림 및 신상품 커머스 포털을 준비하자. 여기에 얼리어답터의 신상품 사용 리뷰기를 더해서 사이트 콘텐츠를 알차게 만들어야 많은 회원을 모집할 수 있을 것이다.

이를 위해서는 신상품 관련 라이브 커머스 등 자율적인 다양한 커머스의 장을 열어주어 제조 업체 및 신상품 보유 업체가 자발적으로 사이트에 업체 회원으로 등록하도록 유도해야 한다. 이런 비즈니스는 향후 일본, 미국 등 선진국 현지에 지점을 설치하는 등의 사업 전개가 가능해 보인다. 사업의 충실한 비즈니스 모델을 구축하기 위해서는 수직적 산업(Industry Vertical)의 구축이 중요하다.

콘텐츠 ▶ 신상품 정보

+

커뮤니티 ▶ 신상품 정보 이용자들의 상품평

+

커머스 ▶ 신상품 관련 다양한 커머스

이 사업의 개념을 한마디로 말한다면, (일정 기간별) 신상품 정보 제공 및 신상품 라이브 커머스라고 할 수 있다. 그래서 사업 1단계는 신상품 정보 관련 홍보 대행 및 얼리어답터의 리뷰 플랫폼을 구축하는 일이고, 2단계는 신상품 중 경쟁력 있는 제품만을 선별해 (라이브)쇼핑몰 비즈니스로 발전하는 단계를 거치는 것을 권장한다.

국내 신상품 관련 플랫폼은 국내 산업별 신상품 정보 공유 플랫폼 스타트업으로서 기간별 신상품 정보를 국내에 제공하는 일을 하게 된다. 나아가 소비자가 구매할 만한 경쟁력 있는 신상품만 엄선해서 큐레이션 라이브 쇼핑몰 포털로 포지셔닝하는 것을 목표로 진행된다.

이 사업의 주 고객은 전국 생활용품 제조 업체 및 금융 업체라고 할 수 있다. 그래서 1단계는 '신상품 정보'에 집중해야 할 것이고, 2단계는 라이브 커머스에 집중해야 한다.

1단계 : 생활 용품 – 식품 & 음료, 가정 용품, 패션 상품, 잡화
2단계 : 금융 상품 – 펀드 및 금융 신상품
3단계 : (유통) 기업 뉴스
4단계 : 신간 안내(출판업) , 의약품 신상품 소개 등

이 사업은 정보 위주의 콘텐츠 제공 사업이기 때문에 카테고리 구분과 개발 시 유의사항이 있다. 신상품 정보는 주기별로 구분해서 오늘의 신상품 / 금주의 신상품 / 이달의 신상품 등으로 나누어야 하고, 연말에는 소비자가 선정한 톡톡 튀는 신상품 상을 분야별로 제정해서

시상식을 갖춤으로써 대내외 신뢰를 받도록 노력해야 할 것이다.

또한 웹 & 앱 개발 시에는 홍보 페이지와 라이브 쇼핑몰 페이지를 분리해야 한다. 즉, 상품 정보 및 리뷰 위주 정보와 커머스 중심으로 분리하도록 설계해야 할 것이다.

이 사업의 수익은 초기에는 무료로 시작하지만, 홍보 기간이 어느 정도 길어지면 유료로 전환해야 할 것이다. 여기에 페이지별 별도의 과금 체계를 갖춰 웹(앱) 화면 위치의 노출에 따른 광고비도 다르게 산정해놓아야 할 것이다. 여기에 라이브 커머스 쇼핑몰은 수수료 25% 수준으로 수익도 병행한다.

이 사업 진행 시, 향후 발생할 문제와 해결 방안을 미리 준비해야 한다. 예를 들어, 제조 업체가 보내온 신상품 정보의 법률적 위법 내용 여부 및 과대과장 광고 부분에 대한 1차 검토의 필요성이 있다. 그리고 만약 잘못된 정보를 입수한 소비자가 피해를 보지 않도록 사전에 소비자보호 정책을 만들어놓아야 할 것이다.

청바지
전문 쇼핑몰

알다시피 청바지의 시작은 미국 서부 시대로 올라간다. 그 당시 금광을 캐는 데 필요한 작업복으로 청바지가 낙점을 받았는데, 금광 사업보다 청바지를 판 '리바이스'가 돈을 더 벌었다는 사실도 잘 알고 있을 것이다.

우리나라의 경우, 1970년대 청년들이 비틀스(The Beatles)와 제임스 딘(James Dean)을 좋아했고, 그들의 공통 키워드인 '청바지와 맥주'를 함께 좋아하는 트렌드를 공유하면서 청바지를 입기 시작했다. 이 당시의 젊은 20대가 이제는 6070 시니어 그룹으로 변했지만, 청바지 사랑은 지속되고 있다. 아마 인류의 역사와 함께 청바지에 대한 사랑은 계속되리라 예상된다.

아무리 의류 산업이 부진하다고 해도 성장을 보이고 있는 유일한 분야가 청바지 사업이다. 청바지 분야에서 프리미엄 청바지가 더 인기를 끄는 이유는 아마 좀 더 편안하고 맵시가 있어서가 아닐까 싶다. 의류 제조 업체 중에서 청바지를 생산하지 않는 브랜드는 찾아보기 힘들 것이다.

그렇다면, 국내에서 제조하거나 해외에서 수입한 청바지를 한 군데에서 구입할 수 있는 쇼핑몰 사업은 어떨까? 적어도 망하지는 않을 듯 싶다.

경기도 모 중학교 3학년생이 구제 청바지를 파는 쇼핑몰을 운영해오다가 폐업했다는 뉴스를 본 적이 있다. 내용인즉슨, 본인이 만든 온라인 쇼핑몰 사이트를 통해 청바지 주문을 받은 후, 이를 동대문에 있는 계약한 시장 상인에게 전달하면 그 상인이 해당 청바지를 배송해주는 시스템으로 진행했는데, 나중에 이 동대문 상인이 주문에 따른 대금만 받고 청바지를 보내지 않았기 때문에 할 수 없이 쇼핑몰을 닫아야 했다는 내용이다. 즉, 중학생도 온라인 쇼핑몰로 청바지를 사업아이템으로 충분히 사업을 진행할 수 있었다는 것이다.

그 밖에 미국 이베이를 통해 미국 청바지를 국내 소비자가격의 30~40%로 저렴하게 구입해서 입다가 구제 청바지라고 옥션에 올려 다시 재판매를 통해 수입을 만든 사례도 있다. 청바지가 사업의 핵심이다. 이 두 사례로 필자는 청바지는 누구나 마음만 먹고 온라인 쇼핑몰을 잘 운영하면 적어도 망하지는 않겠다는 신념을 갖게 되었다.

국내 제조 업체 혹은 해외 청바지 관련 아이템들을 모두 모아 온라인 전문 쇼핑몰을 개점해보자. 물론 처음부터 많은 브랜드를 입점하기 힘들겠지만, 계속 늘려가보자. 사이즈가 맞지 않는 경우를 대비해 교환, 환불 시스템을 제대로 갖춰놓기만 한다면 재고는 오프라인 재판매 점포 혹은 경매 사이트를 통해 재판매가 가능하기 때문에 큰 실패는 없을 것이라고 생각한다.

우선 1단계로 저렴하지만, 실속 있는 청바지를 준비한다. 물론 타깃은 10~20대의 MZ세대다. 이들에게 청바지 관련 콘텐츠를 전달하고 제안하기를 바란다. 재미를 가장 잘 받아들이는 MZ세대들에게 재미있는 콘텐츠와 저렴한 청바지를 엮어서 전달하기를 바란다. 그들의 막강한 SNS 화력 덕을 보게 될 것이다.

그리고 2단계로 프리미엄 청바지군을 타깃으로 진행하길 바란다. 정년퇴직과 더불어 노년기에 접어드는 베이비부머의 소비 성향을 반영한 프리미엄급 제품군을 가장 먼저 상품화했으면 한다. 이 프리미엄 청바지 모델로 시니어 모델로서 사회에서 멋진 역할을 하는 현직 전문직인 교수, 박사, 의사, 변호사 등을 초대하길 바란다. 우리 사회에서 큰 역할을 하는 분으로서 청바지를 주로 입는 분들을 벤치마킹하는 소비 분위기를 먼저 만들면 좋겠다. 동시에 시니어 모델의 자녀들도 함께 프리미엄 청바지를 착용해서 2대가 함께 입는 청바지임을 강조한 판매 프로모션 전략 수립을 추천하고 싶다.

온라인 쇼핑몰 사업의 핵심은 경영 후방에 있는 시스템 구축이다. 영업에 따른 고객 관리, 재고 관리, 로열티 시스템, ERP, 공급망, SNS 등 각 관리 부문에서 실시간으로 쏟아지는 데이터를 통합 및 분석할 수 있는 시스템 구축이다. 수많은 데이터를 처리할 수 있는 능력, 나아가 이를 바탕으로 해서 실시간으로 예비 고객과의 연결고리 강화 전략 등 온라인 고객들의 구매 및 이용에 물 흐르듯이 진행되도록 준비하는 기술적 작업이 관건이라는 점을 잊지 말자.

온라인 플랫폼 1위인 '무신사'가 어떻게 성공했는지 다시 한번 곱씹어보자! 국내 주요 패션업체들보다 매출이 더 높은 이유를 생각해보자. 2001년에 '신발 사진이 많은 곳'이라는 온라인 커뮤니티에서 시작한 '무신사'가 10여 년 만에 국내 패션 산업의 중심세력이 되었다는 사실을 기억하면서 청바지 플랫폼 사업을 준비해보자. 다시 한번 강조하지만, 온라인 플랫폼 사업의 핵심은 콘텐츠와 커뮤니케이션이라는 점을 잊지 말자. 기존 국내 주요 패션 업체보다 무신사가 가진 강점이 바로 '콘텐츠' 아니던가!

패션 커뮤니티로 시작한 만큼, 소비자들이 관심을 두는 콘텐츠가 무엇인지 정확히 파악해서 대응해야 할 것이다. 1단계 타깃층인 젊은 MZ세대가 좋아할 만한 콘텐츠를 유튜브 채널을 통해 공개하기를 바란다. 패션 에디터·디자이너·PD·포토그래퍼 같은 콘텐츠 제작자들의 네트워크 구축이 사전에 준비되어야 할 것이다.

수면 상품
전문 쇼핑몰

'슬리포노믹스'를 들어보았는가?

'슬리포노믹스'란, 수면(sleep)과 경제학(economics)을 합친 신조어다. 각종 스트레스와 우울증으로 수면 부족을 겪고 있는 현대인이 숙면을 취하기 위해 관련 상품에 많은 돈을 지불하고 있는 소비 현상을 가리킨다.

한국수면산업협회에 따르면, '수면의 질'에 대한 관심이 점점 높아지면서 국내 수면 시장 규모는 10년 전 4,800억 원 규모에서 3조 원까지 커졌다. 흥미로운 것은 침대, 베개, 이불, 매트리스 같은 기본 침구 외에도 침실의 온도, 공기, 조명 등 수면 환경을 개선해주는 상품에도 관심이 점차 늘고 있다는 점이다. 기존 제품의 효율성을 높인 기술 개발, 아이디어 상품들도 다양하게 출시되고 있다.

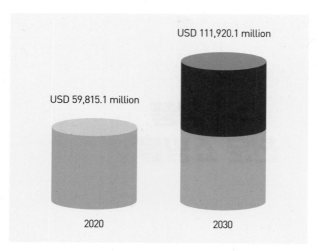

USD 111,920.1 million

USD 59,815.1 million

2020   2030

세계 수면 경제; 슬리포노믹스 시장 전망, Global Sleep Aids Market Report to 2030

출처 : KOTRA 해외 시장 뉴스

그래서 우선 온라인 쇼핑몰 형태로 '수면 상품(의식주)' 전문몰을 개점해 판매해보는 방안을 제안하고 싶다. 온라인으로 브랜드를 널리 알린 뒤, 오프라인으로 진출하는 방안을 추천한다. 입점시킬 수 있는 제품군이 가격대별, 제품별, 라이프 스타일별, 이용 장소별로 상당히 많으리라 예상된다. 수면 산업이 커질 수밖에 없는 이유는 간단하다. 현대인들이 가진 만성 피로와 스트레스가 점점 커지고 있기 때문이다.

(1) 침구류 시장 : 진드기가 생기지 않는 이불, 수면 자세를 똑바로 교정해주는 베개, 유아 전용 침구처럼 숙면을 도와주는 이불과 베개, 매트리스 등 기능성 침구류를 기본 제품군으로 입점시킬 수 있다. 점점 소재가 고급화되면서 다양한 브랜드와 제품군이 존재한다.

(2) 침실 환경 관련 제품군 : 아로마 향과 조명, 소리, 온도, 습도 등을 도와주는 제품군이다. 더불어 산소발생기 등 삼림욕을 즐길 수 있는 취침 환경 조성에 도움을 주는 제품군도 있다.

(3) 숙면을 도와주는 식품 관련 제품군 : 신선한 채소와 과일, 생선을 주로 먹는 식단을 준비한다.

(4) 스마트 의류군 : 건강, 운동, 수면, 영양 등 이용자의 모든 건강 정보를 분석해 더 나은 삶을 제공하도록 설계된 스마트 의류와 웨어러블을 결합시킨 헬스케어 제품군으로, 이용자의 모든 건강 정보를 연결하는 '커넥티드 피트니스'를 구축하는 데 도움을 주는 카테고리다. 특히 '스마트 잠옷'은 열을 흡수해 숙면하게끔 만들어주는 역할을 하는데, 잠옷 내부의 스페셜 패턴을 통해 땀을 흡수하고 원적외선을 생성해줌으로써 몸의 혈액순환을 원활하게 만들어준다.

(5) 초고가 침대 : 침대 하나의 값이 자동차 한 대 값과 비교되는 세계 각국의 최고급 침대도 판매가 가능하다. 예를 들어, 스웨덴의 침대 브랜드 덕시아나(Duxiana), 해스텐스(Hästens) 등이 있을 것이다.

(6) 수면 관련 서비스 상품 : 직장인들이 일주일에 한 번 이상 점심시간 혹은 밤샘 야근 중에 인근에 있는 수면 카페를 이용할 수 있는 이용권도 준비하자.

한국인의 하루 평균 수면시간은 7시간 41분으로, OECD 평균보다 40분이나 짧다. 노동시간은 OECD 국가 중 멕시코에 이어 두 번째로 길다. '더 일하고 덜 자는' 한국인의 삶은 고단하지 않은 것이 오히려 이상하다. 당연히 수면 관련 산업이 발달할 수밖에 없는 환경을 지닌 나라이므로, 지금부터 수면 관련 뉴비즈니스에 관심을 가져야 할 때다.

경제 중심
오디오 플랫폼

대한민국에는 정치 평론가가 너무 많다. 특히 대통령 선거나 국회의원 선거가 있는 해에는 정말 많은 사람들이 정치에 관해 논평을 한다. 길거리나 지하철 안에서도 정치 이야기가 끊임없이 이어진다. 이로 인해 민주적 공론장 구축이라는 선한 목적과 배치되는 결과로 이어지는 경우가 상당하다.

하지만 이제부터 소모적인 논쟁을 불러일으키는 정치 이야기가 아닌 경제에 집중해야 한다. 먹고사는 이야기, 좀 더 윤택한 삶을 위한 경제 중심의 주제가 담긴 오디오 플랫폼이 필요시되고 있다. 이런 트렌드에 발맞춰 경제를 중심으로 동영상을 만들어 100만 시청자를 쉽게 이룬 유튜버들도 많다.

시각적 공해를 일으키는 화면을 보지 않고 귀로만 들을 수 있는 팟캐스트 등의 오디오를 통한 경제 정보 메신저 프로그램은 언제 어디서 든지 환영을 받을 확률이 상당히 높아 보인다.

이런 소비자들의 메가 트렌드를 발 빠르게 사업화하는 글로벌 기업들이 상당하다. 예를 들면, 유튜브 뮤직에서는 2023년 3월부터 팟캐스트 기능을 추가시켰다. 유튜브 팟캐스팅 총괄 직원의 말에 의하면, 유튜브 뮤직을 통해 그냥 시청하고자 하는 사용자는 그대로 이용하면 되고, 단순히 팟캐스트 청취 기능만 사용하고자 하는 이들에게도 훌륭한 청취 경험을 선사하려고 한다는 인터뷰 기사를 보았다. 구독자에게 시각 위주로 정보를 얻을 것인지, 청각 위주로 얻을 것인지 선택을 주는 방식인 것이다.

오디오 방식을 통해 실시간 살아 있는 경제 정보, 내 삶을 더 업그레이드시킬 수 있는 양질의 정보를 주는 경제 중심 오디오 플랫폼 탄생이 필요한 세상이다. 이곳에서는 팟캐스팅도 가능하고, 오디오북도 가능하다. 물론 실시간 좌담을 통한 경제 현상과 해법에 대해 정보를 전달해줄 수도 있다.

독자적인 플랫폼으로 진화되고 있는 전자책 구독 시장에서 경제를 중심으로 다시 풀어낼 수 있다. 기존 서점가의 베스트셀러가 아닌, 자체 제작한 킬러 콘텐츠를 통해 신규 구독 고객을 창출해낼 수 있는 기회가 있다. 여기에 인공지능(AI) 오디오북 등 다양한 전자책으로 발전할 수 있기 때문에 더더욱 경제 중심 오디오 플랫폼 비즈니스의 발전 가능성이 예측된다. 이 비즈니스는 구독 서비스를 기본으로 진행되어야 초창기 매출과 수익을 이어나갈 수 있을 것이다.

초창기 안정적인 매출을 위해 양질의 콘텐츠를 스트리밍해주어야 하기 때문에 경제 중심 출판사와의 공동마케팅이 반드시 필요해 보인다. 여기에서, 음악 스트리밍 서비스로 전 세계적인 대표 음악 플랫폼 업체인 '스포티파이(Spotify)'의 성공사례를 소개하고자 한다.

'스포티파이'는 2006년 4월 스웨덴 스톡홀름에서 다니엘 에크(Daniel Ek), 마틴 로렌손(Martin Lawrence)에 의해서 탄생했다. 합법적인 음원 스트리밍 비즈니스를 위해 저작권을 보유하고 있는 거대 음반 회사를 회사 운영에 들어오게 하는 파격적인 경영 전략을 통해 초기의 난관을 극복한다. 음반 회사들에게 지분을 나누어주어 2020년 말 기준 유니버설뮤직그룹(UMG)은 스포티파이의 지분 3.4%, 소니는 2.85%를 보유하고 있다. '스포티파이' 매출의 70~80%가 대형 음원사로 가는 구조를 유지하고 있다. 이를 통해 불법 다운로드 시장을 합법화시키는 혁혁한 성과를 이루면서 거대 매출을 만들어낸 사례다. 그야말로 소규모 회사가 대형 플랫폼을 끌어들임으로써 생존과 번영의 2가지 목표를 달성하게 된 것이다.

음악산업을 송두리째 바꿔놓은 글로벌 기업인 '스포티파이'가 스타트업 기업으로 시작했다는 점을 기억하자. 국내 오디오 플랫폼 성공 사례로는 '스푼 라디오'와 '팟빵'을 꼽을 수 있다. 청취 시간의 증가와 매출 증가 속도가 눈에 띄게 높아지고 있다.

〈음악 스트리밍 서비스의 대명사, '스포티파이'의 로고〉

출처 : 스포티파이 홈페이지

경제 중심 오디어 플랫폼 비즈니스는 거대 출판사를 경영에 끌어들인 후, 향후 다양한 비즈니스 매체와 연결해 또 다른 시장을 개척 가능하리라 여겨진다.

지금은 모바일 세상이다. 대부분 움직이면서 정보를 받고, 실시간으로 의사결정을 할 수 있는 세상이다. 누구나 정해진 시간에 AI 스피커에서 흘러나오는 걸그룹의 노래와 함께 아침을 시작할 수 있다. 혹은 여자 배우의 목소리를 통해 오디오북을 들으며 지하철역으로 향할 수도 있다. TV나 라디오를 틀지 않고도 내가 듣고 싶은 정보를 들으면서 나만의 활동을 하면서 아침을 연다.

음성 인식 기술의 발전과 함께 현대인들의 멀티태스킹이 습관화되어 오디오 비즈니스가 더욱 성장하리라 예측된다. 오디오 비즈니스는 청각만 이용하면서 다른 일도 할 수 있기에 멀티태스킹에 강한 소비자들에게 상당한 강점을 지니게 된다.

예를 들어 멀티태스킹이 몸에 밴 Z세대는 오디오북을 들으면서 유튜브도 틀어놓고, 인스타그램도 동시에 살펴본다. 집중력을 요하는 업무가 아니거나 특별히 시간이 없는 경우에는 오디오북을 선호하는 경향이 크다. 이때, 오디오북 콘텐츠가 아무리 좋아도 전달자의 음성이 별로라면 의미가 없다. 전달자가 얼마나 듣기 편안하고, 귀에 쏙쏙 들어오는 목소리를 가지고 있느냐가 관건이다. 전달자 목소리의 경쟁력 확보가 중요하다.

시니어 전문 쇼핑몰
비즈니스

100세 시대다. 우리나라를 비롯한 선진국들의 전체 인구 중에서 시니어 연령층이 차지하는 비중이 점점 늘어나고 있다. 이럴 때 시니어가 중심인 새로운 비즈니스를 탄생시켜보는 것은 어떨까.

대한민국은 현재 고령화 사회를 넘어 고령 사회로 진입 중이다. 사회가 늙어가는 듯하지만, 이런 위기를 기회로 반전시킬 새로운 비즈니스를 탄생시켜보자. 먼저, 현재 선진국에서 뜨고 있는 시니어 아이템을 벤치마킹해보자!

지금의 시니어들은 과거의 시니어들과는 우선 경제력 면에서 다르다. 그리고 이들은 청바지, 통기타, 그리고 맥주를 주도했던 민주화 시대를 열었던 인물들이다. 대학교로 치면 70학번부터 새로운 시니어 세대라고 할 수 있다.

이들은 우리나라 민주화를 위해 온몸을 내던진 경험을 가진 민주화 1세대이고, 또한 글로벌 세계를 앞당기기 위해 전 세계를 누비기 시작한 배낭족 1세대이기도 하다. 당연히 기존 시니어 세대와는 상당히 결이 다른 세대라고 할 수 있다. 이들은 '나이 듦'이란 또 다른 인생의 시작이라고 생각하는 긍정적 사회인이다.

동시에 건강하고 활동적이며 아름답게 늙기를 원하는 소비의 주체 세력이다. 이제부터 기존의 편견에서 벗어나 새로운 블루오션이 될 '시니어 시장'에 주목하자. 먼저 이를 구체적으로 실천하기 위해 깨어 있는 새로운 시니어를 위한 쇼핑몰 비즈니스를 소개한다.

이웃 나라 일본만 봐도 시니어 관련 시장의 크기가 매년 확대되고 있다. 2025년에는 관련 시장이 1,000조 원이 넘을 것이라는 예측도 나왔다. 일본의 시니어층은 우리가 잘 알고 있는 베이비붐 세대인 단카이 세대(1947~1949년생)가 60세를 넘긴 2007년부터 시작되었다. 하지만 이들은 우리나라의 예전 시니어층과 마찬가지로 소비에 관한 한 보수적이고 편견을 지닌 세대였다. 당연히 소비도 예상치를 한참 밑도는 결과를 보였다.

하지만 시니어층을 50대 이상으로 수정한 새로운 비즈니스에는 상당히 다른 결과가 나타나고 있다. 예를 들어, 도쿄에서 가까운 부도심에 있는 대형마트(유통 대기업인 '이온'에서 세운 G·G몰)에서 진행하는 시니어 맞춤형 운동 프로그램에 상당히 적극적이다.

대형마트 4층 공간에는 아침 7시부터 50대 이상의 시니어층이 모여 경쾌한 음악에 맞춰 체조를 시작한다. 체조를 시작으로 워킹 강좌, 근육 저축 체조, 라디오 체조 등 다양한 시니어 전용 운동 프로그램이 진행된다. 4층에는 180m의 워킹 트랙을 만들어놓아 체조 시간이 아니더라도 이곳을 계속 돌면서 워킹 운동을 하는 시니어도 많다. 이온의 'G·G몰'처럼 함께 운동하는 공유의 장(場)이 좋은 호응을 얻고 있다.

〈아침마다 모여서 체조 등 여러 활동을 함께할 수 있는 도쿄 인근 이온의 'G·G몰' 풍경〉

출처 : www.genkikaki.com/episodes/2/1

우리가 벤치마킹해야 할 또다른 사례로는 시니어를 위한 슈퍼마켓이 있다. 독일의 슈퍼마켓 체인인 에데카(Edeka)다. 이곳은 2008년부터 50대 이상 은퇴자를 주 타깃으로 한 시니어 슈퍼마켓을 개장했다. 50대 이상의 시니어층을 위한 상품 위주로 머천다이징했고, 판매원도 50대 이상의 시니어를 투입해서 쇼핑의 편리성에 초점을 맞추었다. 선반의 높이는 다른 매장보다 20cm 정도 낮게 했고, 계산대도 일반 매장보다 낮게 설치했다. 쇼핑 카트도 휠체어와 연결해 이용할 수 있도록 하고, 카트에 돋보기를 부착해서 작은 글씨로 쓰인 제품 설명서도 읽기 쉽게 했다. 당연히 주 고객층을 위한 배려 정책이다.

〈나이 든 주 고객층을 위한 매장의 편리성에 더해 앱을 이용한 주문과 배송 시스템까지 갖춘 에데카〉

출처 : www.edeka.de/

우리나라에도 이제부터 시니어를 위한 매장이 오프라인부터 시작해서 차츰 탄생할 것이다. 이어서 새로운 시니어 소비자층을 위한 온라인 전용 쇼핑몰 비즈니스가 탄생하리라 예상된다.

유통 트렌드 중 주목해야 할 것 중 하나가 바로 급상승 중인 나이든 여성 소비자의 구매 파워다. 전 세계 여성 경제의 부상은 메가 트렌드이기 때문에 우리나라도 예외는 아니다. 특히 50대 이상 여성층을 겨냥한 여성 시니어 중심의 온라인 쇼핑몰 비즈니스는 상당한 적기라 여겨진다. 즉, 온라인 쇼핑 시장에서 시니어 세대가 큰손으로 등장하고 있는 중이다. 스마트폰 사용이 일상화되면서 50세 이상의 시니어층의 온라인 구매가 매년 크게 늘고 있다. 이들과 젊은 소비자층의 확연한 차이점은 일회당 구매액이 크다는 점이다. 또한, 한번 마음에 든 쇼핑몰에는 웬만한 일이 아닌 한 쉽게 고정고객으로 정착한다는 점이다.

미국에는 60대 이상의 시니어를 위한 온라인 쇼핑몰이 생각보다 많이 운영되고 있다. 이곳에서는 위생용품을 중심으로 다양한 카테고리의 제품군이 있다. 하지만 쇼핑몰 사이트의 이미지와 구조는 상당히 낙후된 듯 보인다.

〈시니어 용품만을 선별해서 판매하는 시니어 전문 쇼핑몰〉

출처 : www.elderdepot.com/customer/

하지만 우리나라 유통 3사(신세계, 롯데, 현대)들은 오프라인 및 온라인을 통해 구매력이 넘치는 시니어 고객을 먼저 잡기 위해 온라인 쇼핑몰 사업에 상당히 적극적이다. 우선 건강식품 시장부터 공략하기 시작했다. 나이가 들면서 찾아오는 안면홍조, 발한, 불면증 등 갱년기 증상을 완화할 수 있는 건강식품 제품 중에서 믿을 만한 제품군부터 준비한다.

그다음 단계는 아웃도어 제품군과 SPA 브랜드군이다. 지인들과 야외 활동을 하기 위한 시니어 여성 의류 제품군이 필요하다. 2000년대 초반 소비층을 형성했던 줌마렐라 세대가 20여 년이 지나 50대 이상으로 나이가 들면서 새로운 소비자층으로 변신한 셈이다. 그래서 이들 시니어 여성층을 겨냥한 온라인 전용몰 비즈니스는 상당히 안정적인 매출과 고정 고객화가 가능해 보이는 시장이다.

한 가지 더 온라인 매장 운영의 팁을 드린다면, '노인이나 어르신 혹은 실버 세대'라는 단어 사용을 지양하기를 바란다. 대부분의 새로운 시니어들은 이런 단어에 부정적 인식을 가질 수 있으므로 객관적인 숫자로 대체해야 한다는 점을 기억하자. 즉, 제품에 '실버용'이라고 명기하는 대신에, 60대 전용이라고 하면 잘 팔릴 수 있다. 뭉뚱그린 표현보다는 객관적 숫자를 이용해서 누구를 위한 제품인지 정확히 알려주는 정보 제공이 필요하다는 점을 기억하자.

카페 자유이용권 공동 비즈니스 플랫폼

우리나라 커피숍의 숫자가 얼마나 되는지 아는가? 전국에 산재한 카페의 수는 2022년 기준, 125,600여 개다. 공정거래위원회에 등록된 카페 브랜드만 해도 1,300여 개라고 한다. 현재 대한민국 외식 브랜드 수는 9,600여 개니 약 13%를 차지하고 있다.

우리나라 커피의 시장 규모를 살펴보니 2012년에 2조 4,000억 원이었는데, 2022년 말에는 20조 원 규모로 성장했다. 10년 만에 거의 10배로 시장 규모가 커진 상태라고 할 수 있다. 카페 숫자를 서울만 놓고 보면, 2017년 1만 5,184곳이던 것이 2020년 6월 기준 1만 8,535곳으로 늘었다. 그렇다면 이렇게 많은 카페 사업에서 살아남으려면 어떤 전략을 짜야 할까?

이렇게 경영하기 어려운 환경에 놓인 카페 경영주들에게 희소식을 주는 새로운 비즈니스를 제안하고 싶다. 프랜차이즈 카페를 제외한 개인 브랜드를 운영 중인 카페 사장님을 위한 비즈니스다. 즉, 독립 카페 중에서 공동마케팅을 희망하는 카페들만을 모아 이를 이용하려는 고객들에게 자유이용권을 판매하는 비즈니스다.

이 비즈니스를 세계에서 가장 먼저 선보인 나라는 이스라엘이다. 이스라엘 '컵스'라고 하는 스타트업이 가장 먼저 카페 공동마케팅 일환인 자유이용권 비즈니스를 시도했는데, 이 비즈니스를 기획한 친구들은 20대 청년들이었다. 커피를 사랑하는 5명의 고등학교 동창들이 모여서 2012년 말부터 텔아비브에서 시작한 비즈니스 모델이다.

이들은 우선 자신이 거주하는 동네에 있는 8개 커피숍 경영주와 협의한 뒤, 자유이용권 비즈니스를 시작했다. 비즈니스 모델은 아주 간단하다. 우선 해당 서비스에 회원으로 가입한 뒤, 일정 금액을 내면 제휴된 카페에서 평상시보다 저렴한 가격으로 커피 등을 마실 수 있다. 그야말로 동네 카페의 공동마케팅 대행 사업이라고 할 수 있다.

대형 프랜차이즈 카페 브랜드 업체가 아닌 동네에서 1인 혹은 2인이 운영하는 소형 카페 점포주들과 파트너십을 체결하고, 카페의 위치와 주요 정보를 공유해주는 동네 카페 플랫폼 비즈니스다. 이스라엘에서 이 비즈니스 모델로 성공한 이들은 지금 미국 뉴욕에 가서 같은 비즈니스를 선보이고 있다.

cups
좋아요 5.2천개 · 팔로워 5.1천명

〈이스라엘 '컵스'라는 회사는 주로 1인이 운영하는 소형점포형 카페 제휴를 통한 카페 자유이용권' 비즈니스를 2012년부터 진행해오고 있다〉

출처 : https://www.facebook.com/cupsworks/

전 세계적으로 커피 수요는 지속해서 증가하는 추세이기 때문에 동네마다 카페가 우후죽순으로 계속 나타났다 사라지고 있다. 동네 장사이기 때문에 고정고객층과 단체고객층을 지속해서 확보할 수만 있다면 재미있는 지속 경영이 가능한 비즈니스다. 그래서 공동마케팅 할인쿠폰 서비스를 지속적으로 개발하고, 동시에 B2B 고객을 개발하기 위해 인근 사무실 수요 혹은 특정 집단을 당사에 끌어오기 위한 마케팅도 필요해 보인다.

예를 들면, 조찬모임은 CEO만 하는 것이 아니라는 부분을 이용해보자. 마케팅, PR 분야의 담당자들은 예전부터 지금까지 정기적으로 정보 공유 모임을 이어오고 있다. 이 업종 실무자들 간의 정보교류를 통해 새로운 인맥을 형성하고 있는 단체들이 상당하다는 점을 이용하자. 산업별로 이어져 내려오는 인맥 형성의 장을 당사로 끌어옴으로써 매출 발생의 안정화를 꾀하는 전략이다. 그러기 위해서는 CEO의 영업력과 마케팅 파워가 절실해 보인다.

이 비즈니스 모델은 국내에서 성공하면 바로 해외 비즈니스로 진출할 수 있어 보인다. 먼저 개인 회원과 단체 회원으로 나누고, 개인 회원에게는 대형 프랜차이즈 카페에서 절대 주지 못하는 여러 혜택을 개발하자. 무제한권, 하루 1잔권, 10잔권 같은 카페 이용권을 모바일 상품권 형식으로 개발해 편리성을 도모한다.

이 이용권 비즈니스는 이용할 수 있는 카페의 숫자가 늘면 늘수록 계속성과 확정성을 보장받을 수 있게 된다. 당연히 개인 회원에게는 저렴한 비용으로 편한 장소에서 자유롭게 카페를 이용할 권리를 갖게 하고, 단체 회원에게는 품격 있는 분위기를 제공해 고급 정보를 교환할 수 있는 기회를 얻을 수 있도록 시스템을 구축해야 한다.

동네 독립 카페들의 공동 마케팅 방식의 하나로 시작된 공동 이용권 비즈니스 시스템이 어느 정도 정착했다고 느낀다면, 두 번째 스텝으로 사업을 발전시킬 필요가 있다. 바로 카페에서 이런저런 잡화나 식품 등을 판매하는 것이다. 이런 방식으로 성공한 사례를 소개하겠다.

요즘 커피 프랜차이즈들은 커피와 함께 케이크 같은 음식뿐만 아니라 머그잔·텀블러·간이의자 등 굿즈 상품을 개발하는 데 힘을 쏟고 있다. 이유는 간단하다. 돈이 되기 때문이다. 커피만 파는 전문점과 이것저것 다 파는 복합커피전문점 중 어떤 게 유리할까.

독일 최대 커피체인점 '치보(Tchibo)'를 통해 답을 찾아보자. 이곳에서는 커피전문점이지만 커피만 팔지 않는다. 치보는 의류·가구·생활용품·전자제품 및 전기기기를 망라한 다양한 비(非)커피 상품을 함께 파는 스토어로 유명하다. 그뿐만 아니라 여행·보험·휴대전화(계약) 등의 상품도 판매한다. 그야말로 유무형 제품을 전부 취급하는 것이다. 그래서인지 이 회사의 슬로건은 '매주 새로운 세계(Every week a new world)'다. 작은 커피전문점에서 독일에서 가장 큰 소매점 체인으로 성장한 치보는 요즘 화두인 'ESG 경영'에도 앞장서고 있다.

〈치보 사이트에 들어가 보면 커피뿐만이 아니라 각종 소형 전자기기, 통신서비스 상품 등 정말 다양한 상품과 서비스를 판매하고 있다〉

출처 : 취보 https://www.tchibo.de/

카페라는 비즈니스 모델에 다양한 아이디어를 접목시켜 비즈니스의 외연을 확장할 수 있다. 동네에서 마음이 맞는 공동 비즈니스 파트너들의 세력의 규합이 끝났다면, 더 큰 비즈니스를 위해 새로운 도전을 시도하자. 동네에 머물던 비즈니스 규모도 어느 사이 전국 규모로 성장해 있을 것이다.

실패 다이어리 제조 및 실패 플랫폼

대한민국은 실패에 대해 너무 관대하지 못한 나라 중의 하나다. 젊은 사람들이 도전을 두려워하는 것은 아마 실패에 대한 두려움보다는 주위 사람들의 보이지 않는 멸시와 비방, 그리고 차별을 한 몸에 받아야 한다는 미래에 대한 공포가 아닐까 싶다. 그래서 우리나라의 많은 젊은이들이 누구나 아는 회사에 입사해서 정년까지 아무 일 없이 그냥저냥 살아가는 것이 가장 최선이라는 선배와 부모의 말에 순종하는 것이 아닐까. 하지만 살아가면서 단 한 번의 도전도 제대로 해보지 못하고 생을 마감해야 하는 것은 조금 슬프게 느껴진다.

반면 일본에서는 실패를 통해 성공을 배우는 학문인 '실패학'이 빠른 속도로 실용화되고 있다. 이는 실패를 잘만 활용하면 자산이 될 수 있다는 인식에서 시작된다. 일본인들이 처음 실패학에 관심을 갖게 된 것은 같은 실패를 반복하지 않기 위한 목적이었다. 하지만 이제는 실패의 원인을 분석해 획기적 성공으로 이르는 방법을 찾아내 더욱 발전 중에 있다.

일본 도요타, 닛산자동차와 어깨를 나란히 하는 자동차 기업 중 하나인 혼다의 홈페이지에 접속하면 가장 먼저 눈에 띄는 것이 빨간 글자의 'HONDA' 로고다. 그리고 그 밑에 'The Power of Dreams'라는 슬로건이 보인다. 이 문장은 혼다의 창업주인 혼다 소이치로(本田宗一郎)가 만들어낸 독특한 기업 문화를 한마디로 정의해주고 있다.

혼다의 자동차박물관 현관 로비에는 혼다 소이치로'가 직접 쓴 '몽(夢)'이라는 글자가 전시되어 있고, 이 '꿈'을 실천하기 위한 실패를 권장하고 있다. 혼다에서 실행 중인 '올해의 실패왕' 제도가 이를 보여주는 대표적인 사례다. '혼다'는 매년 연구자 가운데 가장 큰 실패를 한 직원에게 100만 엔을 지급한다. 실패를 칭찬하고 격려하는 것이 혼다이즘의 기본 전제라는데 이해가 되는가? 이는 창조는 반드시 시행착오를 거쳐야 이룰 수 있다는 사실을 인식하고 있기 때문이다. 최선을 다한 실패를 인정하고 도전을 중요시하는 혼다의 기업 문화가 이 기업을 세계적인 자동차 회사로 만들었다.

또 다른 사례로는 성공학의 대가라 불리는 브라이언 트레이시(Brian Tracy)다. 그는 '실패학'을 이용해 성공한 인물로, 접시닦이로 시작한 무일푼 사회생활에서 연간 매출 3,000만 달러의 인력개발기업을 만든 실전형 기업인이다. 수많은 기업들이 그의 성공학에 귀를 기울이고 있고, 매년 수십만 명의 청중들이 그의 성공법칙에 반응한다. 하지만 그가 끔찍한 실패를 할 때마다 백지에 새 목표를 적는 습관을 거쳐 지금의 자리에 올랐다는 사실을 모르는 사람들이 더 많다.

살아오면서 그 역시 많은 실패를 경험했다. 그가 거친 직업만 해도 22가지였다는 사실을 알고 있는가! 그는 학교에서 실패했고, 수많은 직업에서 실패했다. 세일즈맨이 되었을 때도 계속 실패를 경험했고, 경영진이 되어서도 끝없는 실수를 저질렀다. 그는 성공하기 전 모든 단계에서의 실패 경험을 성공으로 역전시킨 인물이기에 세상 사람들은 그를 존경하게 되었다.

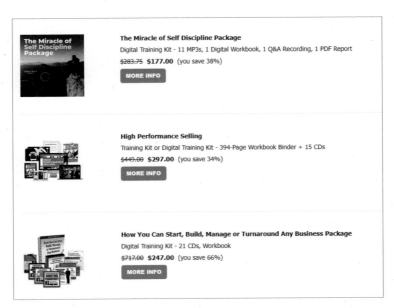

The Miracle of Self Discipline Package
Digital Training Kit - 11 MP3s, 1 Digital Workbook, 1 Q&A Recording, 1 PDF Report
$283.75 **$177.00** (you save 38%)
MORE INFO

High Performance Selling
Training Kit or Digital Training Kit - 394-Page Workbook Binder + 15 CDs
$449.00 **$297.00** (you save 34%)
MORE INFO

How You Can Start, Build, Manage or Turnaround Any Business Package
Digital Training Kit - 21 CDs, Workbook
$717.00 **$247.00** (you save 66%)
MORE INFO

〈성공학의 대가 브라이언 트레이시가 직접 운영하는 사이트에는 성공학 관련 책과 자료, 그리고 프로그램이 즐비하다. 성공은 실패의 반대말이 아닐지도 모른다〉

출처 : www.briantracy.com/

이번에는 미국 억만장자의 도전 이야기다. 2005년 67시간의 논스톱 세계일주 단독 비행에 성공한 미국의 억만장자이자 모험가 스티브 포셋(Steve Fossett). 그는 2년 후인 2007년 9월 또 다른 비행을 하다 실종되어 1년 정도 뒤, 2008년 10월 시신으로 발견되었다. 그는 죽기 전까지 수많은 도전을 펼쳤다. 1985년에는 영불(英佛) 해협을 헤엄쳐 건넜고, 1992년에는 세계에서 가장 길고 험난하다는 '알래스카 이디타로드 개썰매 경주'에 참가했다. 1996년에는 세계 최고의 자동차 경주인 '24시간 르망 모터레이스'에 도전했다. 위험한 도전들이 많았던 만큼 죽을 고비를 넘긴 것도 여러 번이다. 하지만 그는 5번의 실패 끝에 결국 지난 2002년 혼자서 열기구를 타고 13일 8시간 33분 동안 3만 3,195km를 비행, 세계 일주에 성공했다. 세계 최초였다. 스티브 포셋은 이 세상에서 사라졌지만, 그의 위대한 도전정신은 미국인들에게 영원히 살아 숨 쉬고 있다.

필자는 사례 연구가다. 전 세계 경영자와 회사들의 사례를 모으고 분석하는 일을 주로 한다. 그렇지만 우리나라는 해방 이후 지금까지 돈 많은 부자 중에서 이렇게 사회에 교훈을 주는 도전을 계속하는 사람의 사례를 만나보지 못한 상태다.

새로운 성장엔진은 그냥 하늘에서 뚝 떨어지는 게 아니다. 지속적으로 새로운 사업모델을 개발하고 발굴해야 손에 쥘 수 있다. 문제는 왜 지금도 수많은 중소기업은 새로운 성장엔진을 못 찾고 있느냐는 점이다. 그것은 바로 도전정신이 부족하기 때문이라고 필자는 생각한다.

지구상에는 영원한 먹거리가 없기에 지속적으로 변화하고 도전해야 한다는 간단한 진리를 많은 경영자들이 망각한다는 것이다. 실패를 두려워하지 않는 도전정신이 없으면 새로운 성장엔진도 없고, 새로운 성장엔진이 없으면 기업의 항구성도 떨어질 수밖에 없다. '도전'이라는 단어가 인생에서 사라질 때, 젊음도 사라진다는 것을 절대 잊어서는 안 된다.

살면서 누구나 한 번쯤은 실패를 겪는다. 이 세상에서 실패를 겪지 않은 사람은 아마 한 사람도 없을 것이다. 그렇다고 반드시 자신이 직접 실패를 겪어야만 하는 것은 아니다. 다른 사람이나 다른 업체의 실패를 보고 비슷한 유형의 실수나 실패를 충분히 피해갈 수 있다. 실패 과정에서 쌓은 경험과 노하우를 적극적으로 활용하는 것이 성공의 지름길이라는 이야기다.

이제부터 개인의 실패 혹은 조직의 실패를 모은 다이어리를 기획, 제작해 판매해보자. '사람들은 왜 똑같은 실패를 반복할까?'부터 실패 다이어리는 시작된다. 사실 살면서 우리는 얼마나 비슷한 실패를 할까? 개인으로부터 단체까지 우리네 삶에서 실패는 계속 이어진다.

물론 실패의 상당 부분은 내 잘못이 아닐 수도 있다. 그냥 운이 안 좋아서 나쁜 결과가 나온 것일 수도 있다. 하지만 냉철하게 생각해보자. 정말 운이 나빠서 실패한 것인지. 나아가 일상의 후회를 최소화할 수 있도록 노력해야 한다. 미국 아마존 창업자 제프 베이조스(Jeff Bezos)의 후회 최소화(Regret Minimization Framework)를 아는지 모르겠다. 그는 "내가 80살이 되었을 때 그 일을 하지 않은 것에 대해 후회를 할 것인가를 상상해보고 후회를 최소화하는 식으로 살아야 한다"라고 말했다. 당신에게 무거운 의사결정의 순간이 오면 상상을 해보는 것이다. 내가 80살이 되었을 때, 이 결정을 후회할 것인지를 상상해보는 것이다. 그러면 한 번 더 현명한 결정을 하지 않을까 싶다.

실패를 원하는 사람은 없다. 하지만 실패 과정에도 교훈은 있다. 그 과정에서 범한 과오를 분석하고 연구하는 과정에서 성공으로 가는 길이 보이게 마련이다. 하지만 여기에는 큰 전제조건이 있다. 새로운 일에 도전하고 성공과 발전 과정에서 벌어진 실패는 용서할 수 있어야 한다는 것이다.

대한민국에 새로운 실패학 수립을 위해 국내 처음으로 실패 다이어리를 기획, 제작, 판매해보자. 앱(App)을 통한 방식으로 유료 회원제도를 활용해야 한다. 나만의 실패가 아니라 동병상련을 겪는 실패 경험자들 간의 모임과 만남을 주선도 해주는 플랫폼 사업이다. 실패를 공유하고 비슷한 유형의 사람끼리 위로, 격려해주는 문화를 만들어보자. 이제는 실패를 두려워하거나 비난받지 않는 상생의 문화를 만드는 초석을 비즈니스로 승화해보자.

실패 다이어리 비즈니스를 통해 실패를 두려워하지 않고 과감히 도전할 수 있는 기업 풍토를 만들 수 있다면, 당신의 비즈니스는 후대에도 칭찬받는 비즈니스 모델이 되리라 예상한다. 나만의 실패가 아닌 우리 모두의 실패를 다시 반복하지 않는 사회를 위해 함께 실패를 공유하고 더 나은 사회로 나아가도록 해보자.

**Do not be afraid to make decisions.
Do not be afraid to make mistakes.**

Carly Fiorina, Former CEO of Hewlett-Packard

2장

라이프 스타일
여성 창업

이 세상에 단 하나,
온리원 음식점 창업

세상이 완전히 변해가고 있다. 커다란 메가 트렌드의 흐름을 제대로 알지 못하는 소상공인, 자영업자들이 골목에서 퇴출당하는 중이다. 코로나로 인해 그 속도가 더욱 빨라지고 있다. 그래도 소상공인이 살길은 오직 창업뿐이다. 하지만 그냥 창업이 아니라 '누구도 따라 하기 힘든 나만의 창업을 누구보다 먼저 창업하라'가 정답이다.

아직도 '미투' 창업을 하려는 분, 가볍게 '음식점 창업이나 할까?'라고 생각하는 분이 있다면 이 책에서 많은 정보를 얻어가길 바란다. 우리나라에서 사실 음식업만큼 발달한 업태가 있을까? 하지만 필자가 주장하는 음식업은 기존의 음식업이 아닌, 이 세상에 하나뿐인 온리원 음식업을 제안하고 싶다.

아무나 따라 할 수 없는 음식 사업을 기획하자!

#사례 1 : 하루 100개만 파는 음식점

일본 교토에 있는 스테이크 하우스 햐쿠쇼쿠야(佰食屋)는 아무리 잘 팔려도 하루에 100개만 판다는 원칙을 세워놓고 지금까지 초심을 지키고 있다. 하루에 한정된 수량만 판매하고 매진되면 바로 가게 문을 닫는 방식의 독특한 비즈니스 모델을 만들어 지역에서 유명하다. 이 독특한 음식점의 CEO가 평범한 워킹맘이어서 더욱 유명해졌다. 아마 워킹맘이기 때문에 더 시도 가능한 비즈니스 모델이 아니었을까 생각된다.

이 음식점 여사장님의 경영 철학은 굉장히 단순하면서도 인간 중심이기에 지속 경영이 가능해 보인다. 재해, 불경기 등 나쁜 일이 닥치더라도 생존할 수 있는 기업을 만들기 위해서는 매출을 적당한 사이즈로 줄이는 방법밖에는 없다는 평상시 생각을 본인만의 온리원 경영에 접목시킨 것이다.

그녀는 저임금, 장시간 노동을 통한 고매출 방식으로는 생산성을 높일 수 없을 뿐만 아니라 오랫동안 비즈니스를 지속할 수 없다고 생

1日100食限定のお店

佰食屋

HYAKUSHOKUYA

〈하루에 100인분 식사만 한정 제공한다고 알리는 햐쿠쇼쿠야〉

출처 : www.100shokuya.com/

각했다. 당연히 그녀가 경영하는 음식점의 영업시간은 하루 평균 3.5시간에 불과하다. 이런 경영방침에 따라 이 음식점에서 일하는 종업원들은 저녁 시간을 자유롭게 보내면서도 적당히 높은 급여를 받기 때문에 만족도가 매우 높다.

#사례 2 : 와인 병에 담아 파는 녹차 전문점

일본 도쿄 고급백화점 지하에 있는 식음료 미니 바(bar) 매장에는 굉장히 비싼 녹차를 판다. 그것도 와인 병에 담아서 말이다. 이 귀한 녹차는 '로열 블루티'라 불리는 녹차 브랜드인데, 브랜딩도 멋져 보인다. 가격은 몇만 원에서부터 몇백만 원까지 다양하다. 또한, 해당 녹차 전문점의 인테리어는 굉장히 고급스러워서 아무나 마시는 녹차가 아니라는 분위기를 자아낸다.

이 회사는 고객에게 '와인 병에 담긴 녹차를 와인 잔으로 즐겨 달라'고 제안한다. 이 회사 CEO가 이러한 새로운 녹차를 개발하게 된 배경은 이렇다. 유명한 고급 레스토랑은 보통 술 잘 먹는 사람들만 갈 수 있는 느낌을 주곤 해서 술을 잘 못 먹는 사람도 고급 레스토랑에 가서 분위기를 만끽하고 싶지만 진입장벽이 있어 못내 아쉬운 경우가 많았다고 한다. 그래서 이런 술을 잘 못 마시는 소비자를 위해 고급 음식과 어울리는 와인 대신, 와인 잔에 고급 녹차를 마셔도 되는 환경을 생각하게 되었다고 한다.

'술 못 마시는 사람이 고급 프렌치 레스토랑에서 즐길 수 있는 음료'

라는 새로운 가치를 제안한 것이다. 이를 통해 새로운 고객층을 만들어내는 데 성공했 다. 이처럼 가격보다는 새로운 가치를 창조해냄으로써 새로운 시장을 만들어내는 것, 이것이야말로 21세기형 식품 사업이라고 생각된다.

〈녹차를 고급 와인병에 담아 파는 이색 스토어, 로얄 블루티〉

출처 : www.royalbluetea.com

#사례 3 : HMR(가정식 대체식품) 시장과 포케보울(수퍼푸드)

HMR 시장의 급속한 성장과 수퍼푸드에 대한 도시 소비자들의 높은 관심은 이미 많이 알려져 있다. 한 끼 식사를 하더라도 편리하게, 맛있게, 나아가 몸에도 좋은 음식을 먹고 싶은 도시 소비자들. 짧은 시간에 간단하게 영양분을 제공해줄 수 있는 식사를 원하는 아웃도어 현대인들을 위한 특별한 음식이 탄생했다.

미국 뉴욕에서 탄생한 '포케보울(Poke Bowl)'이다. 이 간편식은 하와 이안 서퍼들이 가장 먼저 즐겨 먹던 음식으로, 다양한 채소와 곡물이 토핑으로 올라간 밥이다. 한 끼 식사로 손색이 없고 간편하면서도 열량과 영양이 풍부해 도심 속 직장인들의 점심 메뉴로도 인기다. 즉, 간편성과 건강이라는 두 마리 토끼를 다 잡은 음식이다. 이 음식은 서퍼들이 주로 먹기 때문에 '서퍼스 밀(Surfer's meal)'이라고도 불리기도 한다.

참치, 연어, 새우, 문어 등을 익히지 않고 양념한 해산물과 오이, 당근, 적채, 연근 등의 채소뿐만 아니라 아보카도, 병아리콩, 퀴노아, 현미, 곤약쌀 등을 넣었다. 양질의 단백질과 탄수화물, 비타민을 한 그릇에 섭취할 수 있는 건강식이라 소비자들에게 상당히 인기가 높다. 채식주의 소비자들을 중심으로 '석가모니의 한 그릇'이라 불리는 채식

〈미국에는 많은 종류의 포케보울이 탄생하고 있다〉
출처 : themodernproper.com/poke-bowl

샐러드 '부다보울(Buddha Bowl)'도 인기다. 인스타그램에 '포케보울' 혹은 '부다보울'을 치면 전 세계에서 얼마나 많은 사진들이 올라오고 있는지 알 수 있을 것이다. 그만큼 최근 전 세계 젊은이들에게 간편식은 트렌드가 되어 있다.

앞으로 누구나 아는 식품을 기존에 없던 새로운 가치로 탈바꿈시켜 새로운 고객층에게 새롭게 제안하기를 바란다. 21세기 음식업에 '재미와 체험'이라는 키워드가 빠지면 섭섭하다.

1020을 위한
캐릭터 화장품

　일반적으로 화장품 시장은 경쟁이 치열하고 차별화가 어려운 대표적인 레드오션이라 생각한다. 특히 마스크팩이나 핸드크림 같은 중·저가 제품군에서는 더욱 경쟁이 치열하기 마련이다. 하지만 화장품 업계에서 어느 정도 일을 한 경험이 있는 여성이라면 화장품 시장에서의 뉴비즈니스를 추천하고 싶다.

　화장품 산업은 브랜드 전략 중심의 사업이기에 화장품 업계에서 인맥을 잘 쌓고 유통 판매망을 미리 잘 구축해놓으면, 그 위에 판매할 품목만 하나씩 올리면 되는 어렵지 않은 산업군 중의 하나다. 우리나라에서 중저가 화장품으로 성공한 '더페이스샵'과 '미샤' 역시 저가형 립스틱의 런칭, 개발을 통해 지금과 같은 세계적인 화장품 브랜드가 되지 않았던가!

가성비 혹은 가심비 높은 아이템을 개발해서 SNS를 최대한 활용해 홍보 전략을 짜고 홈쇼핑을 통해 대중적인 인기를 얻기 시작한다면 화장품 사업에서 활로를 찾을 수 있을 것이다. 더욱이 니치 마켓이지만 국내뿐만 아니라 세계적인 브랜드로 자리매김한다면 종합 화장품 회사를 부러워할 필요조차 없어질 것이다.

10대 혹은 20대를 중심으로 한 젊은 소비자를 위한 캐릭터 화장품 시장을 추천하고 싶다. 이들은 필요가 아니라 재미를 위해 소비도 가능한 소비자 집단이기에 새로운 브랜드 정체성을 형성해 이들만을 위한 화장품을 만들어보자. 독특한 디자인이나 캐릭터를 표현한 제품을 만들어 귀에 쏙쏙 들어오는 스토리텔링 방식으로 전달하면 좋겠다. 즉, 재미와 성능을 무기로 캐릭터 화장품 시장에 도전하는 것이다.

화장품은 보통 외부 화장품 전문제조 업체를 이용한 주문자 생산 방식을 통해 제조원가를 절감한다. 기존에 알고 있던 유통채널의 담당자들과의 유대관계를 십분 활용해서 미리 유통채널을 개척해놓는다. 각종 면세점, 유명 문구점 등 국내 주요 오프라인 유통채널을 미리 확보하고, TV 홈쇼핑과 라이브 쇼핑, 그리고 유명 인플루언서가 운영하는 온라인 쇼핑몰 등 온라인 유통채널도 미리 구축해놓는다.

우선 10대 어린이를 대상으로 한 캐릭터 단품 화장품에 도전해보자. 최근에는 유튜브나 인스타그램 등의 온라인 플랫폼에 어린이 뷰티, 메이크업 콘텐츠가 굉장히 많다. 아이가 어른처럼 꾸미는 '어덜키즈(adulkids)' 트렌드가 어린이 화장품 시장의 성장세를 견인하고 있다.

세상이 완전히 변해가고 있다. 커다란 메가 트렌드의 흐름을 제대로 알지 못하는 소상공인, 자영업자들이 골목에서 퇴출당하고 있다. 코로나로 인해 그 속도가 더욱 빨라지는 중이다. 과연 지금과 같은 위기 상황은 언제까지 진행될 것이며, 이를 해결할 해법은 무엇일까?

〈미국 아마존에서 판매되고 있는 키즈용 '스폰지밥' 캐릭터 화장품 세트〉

출처 : www.amazon.com/

스토리가 탄탄한 캐릭터 브랜드를 화장품 단품에 녹여서 만든 신제품을 기존에 미리 구축해놓은 온오프라인 유통채널에 올리면 된다. 10대 고객층이 이미 알고 있는 만화 캐릭터들과의 협업한 제품으로 출시가 이뤄지면 좋겠지만, 로열티 제공 등으로 수익이 생각보다 높지 않을 수 있으니 손익계산을 미리 잘 수립한 후에 진행해야 할 것이다. 물론 성인과 비교해 연약한 피부를 가진 10대 어린이이므로 화장품 사용으로 인한 피부 손상이나 트러블이 절대 나지 않도록 제조 과정에도 신경을 많이 써야 한다.

국내 유통이 어느 정도 진행이 된 후에는 글로벌 시장 진출도 욕심을 내 미국뿐만 아니라 싱가포르,대만, 베트남, 홍콩 등 다양한 해외 쇼핑 판매 채널로의 진출 계획을 세워보자.

처음 사업을 진행하는 1인 기업도 충분히 가능한 비즈니스 아이템이기에 한번 시도해보자.

성장동력 최고의
수제맥주 제조업

최근 대한민국을 포함해 전 세계에 수제맥주가 대세다. 국내 편의점 어느 곳에 들어가더라도 각종 수제맥주 브랜드들이 즐비하다. 포장 및 아웃 패키지 디자인이 너무 화려하고 재미가 있어서 기존에 알고 있던 맥주 세상과는 정말 다른 세상이 펼쳐진다.

수제맥주로 성공한 젊은 창업자들의 성공 스토리를 조사하면서 비슷한 점을 발견할 수 있었다. 먼저, 서울에서 젊은이들이 모이는 곳에 수제맥주와 피자를 판매하는 가게를 일차적으로 개점한 후, 이곳에 오는 고객들의 의견을 들으면서 자신만의 수제맥주 브랜드를 개발한다. 그 후, 전국을 대상으로 사업을 전개해 성공한 사례가 계속 이어지고 있다.

최근 들어 맥주를 사랑하는 젊은 소비자들이 늘고 있다. 기존 내셔

날 브랜드를 찾는 이보다는 각자 개성에 맞는 수제맥주 브랜드를 애용하는 소비자층이 정말 많이 늘었다. 니치 마켓이지만 열성 팬을 구축할 수 있기에 여성 창업자가 두려움 없이 혼자 시작할 수 있다.

혹자는 수제맥주의 발전은 소비자들이 패스트 패션(Fast Fashion)에 익숙해지면서 함께 변화되었다고 말하기도 한다. 즉, 개성 있는 아이템을 가장 빠르게 저가로 다품종 생산하는 SPA 브랜드 트렌드에 익숙해진 젊은 소비자를 중심으로, 다양하면서 저렴한 수제맥주가 인기를 끌게 된 것이라는 설(說)이다.

수제맥주는 수제맥주만을 제조해주는 양조장에 주문자 생산 방식을 통해 제조할 수 있어 큰 제조 비용 없이 시장 진입이 가능해 보인다. 이 사업은 마케팅과 유통채널 싸움이라는 생각이 든다.

〈미국에서는 개인이 집에서 맥주를 만들어 마실 수 있는 기구를 쉽게 구입할 수 있다〉

출처 : homebrewing.org/

최근 들어 우리나라 벤처캐피털 회사들이 수제 맥주 투자에 눈을 돌리기 시작했다. 그만큼 투자 대비 수익이 클 것으로 판단해서 움직이는 것 아니겠는가!

　　미국의 경우, 전체 시장에서 수제 맥주가 차지하는 비율이 13% 정도라고 한다. 우리나라의 경우, 아직 1% 정도라고 하니까 아직 성장 잠재력은 상당하다고 할 수 있다. 국내 맥주 시장 규모가 약 5조 원 수준이라 하니 이 전체 시장 중에서 10% 정도만 수제 맥주가 차지한다면 5,000억 원에 이르는 시장이 곧 형성될 수 있다는 이야기다.

　　수제맥주와 벤처캐피털의 동행이 시작된 셈이다. 수제맥주라고 하면 작은 양조장을 떠올리는 사람들이 많을 것이고, 소규모 마니아를 대상으로 하는 니치 마켓이라고 생각하는 사람들이 많을 것이다. 하지만 수제맥주 중에서 온리원 경쟁력 있는 양조기술을 가진 회사를 발견할 수 있다면, 전 세계 시장을 공략할 수 있는 병기를 찾아내는 것과 마찬가지다. 그러므로 세계적인 벤처캐피털들에 깊은 관심을 가져보자.

　　방법론으로 들어가면, 수제맥주에 길든 새로운 맥주를 찾는 고객에게 기존에 듣지도, 보지도 못한 신선한 맥주 문화를 제안해야 한다. 그래서 젊은 고객층을 확보한 후, 기존 오프라인 직영 점포를 하나씩 더 늘림으로써 자사만의 브랜드 전략을 서서히 넓히는 수순을 밟아야만 한다. 그래야 큰 실패나 실수 없이 성공적 창업이 가능하리라 본다.

처음 피자와 맥주와의 만남을 통해 새로운 '피맥' 문화를 제안해보자. 나아가 맥주와 어울리는 새로운 먹거리와 융합형 맥주 문화를 제안하자. 새로운 길거리 이벤트를 통해 새로운 고객을 고정고객화 하자. 마치 독일의 맥주 페스티벌처럼 흥겹고 즐거운 우리 고객층만을 위한 축제를 열어보자. 당연히 SNS를 최대한 이용하면서 유튜브 혹은 라이브 방송을 통해 참여자를 실시간으로 늘려나가는 방법도 재미있어 보인다.

나아가 신규 고객층 중에 회사 경영에 참여하고자 하는 소액주주들을 모아 고정고객화 하고 이들을 통한 신규 고객 확보를 도모하는 등 일석이조 주주전략도 고민해보자. 카페 창업 프랜차이즈 사업이 성공했듯이, 수제맥주 프랜차이즈 사업 성공 가능성도 타진해보자.

영어 학습으로 떼돈 버는
카페와 메이크업 스튜디오

우리가 영어를 배우는 공간은 주로 학원 혹은 학교였다. 아니면 도서관에서 홀로 공부했을 것이다. 하지만 이제는 영어 공부를 위해 이런 장소는 잊어도 되겠다. 꼭 외국에 나가 유학을 해야만 영어를 잘할까? 그렇게 많은 돈을 투자해서 딸랑 영어 하나 배우고 오고 싶지도 않다.

지금까지 영어 학습이라는 장소로 사용되었던 공간의 개념을 바꿔보자. 편안한 휴식을 취하면서 공부도 할 수 있다. 공부하는 곳과 편하게 휴식하는 곳은 별개의 영역이라는 생각을 버리자. 화장에 관심 많은 사람들이 모이는 메이크업 스튜디오에서도 영어를 공부할 수 있다니 세상 많이 변하지 않았는가? 이제부터의 비즈니스는 기존 개념을 파괴하면서 새로운 세상을 향해 나아간다.

#사례 1 : 카페에서 영어 공부를 할 수 있다

몇 년 전부터 카페에서 공부하는 젊은이들이 굉장히 많아졌다. 새로운 기회가 보이지 않는가! 카페 경영의 핵심 소비자인 학생들과 젊은 세대를 위한 새로운 비즈니스 개념을 카페 경영에 넣어보자. 휴식공간과 공부하는 공간이 함께 상존하는 곳, 즉 영어도 배우고 편안히 쉴 수도 있는 카페가 뉴비즈니스의 열린 공간이 된다. 이런 트렌드를 가장 먼저 시작한 것은 독일 함부르크에 위치한 '랭귀지 라운지(Language Lounge)'라는 영어 카페다. 여기에서는 카페와 영어 레슨을 결합시킨 새로운 형태의 사업을 시작했다. 한 달 이용료를 낸 유료 회원은 외국어 회화 수업을 월요일부터 목요일까지 오후 5시부터 9시 사이에 참여할 수 있다. 회비는 인근 헬스클럽 가격과 비슷하게 책정했다.

이 사업을 처음 전개한 CEO는 유료 회원 이용 가격 시스템을 인근 헬스클럽 회원권 시스템에서 가져왔다고 한다. 이 영어 카페는 정해진 날짜나 시간에 꼭 참석해서 수업을 들을 필요는 없고, 그냥 자신이 편한 때에 참석해서 들으면 된다.

유료 회원은 일반권과 프리미엄권, 2가지로 판매되는데, 일반 회원은 일주일에 한 번 수업을 들을 수 있고, 프리미엄 회원은 한 달 동안 원하는 만큼 무제한으로 수업을 들을 수 있다. 이곳에서 외국어를 가르치는 강사는 최소 2년의 강사 경력이 있는 사람 중에서 선발한다고 하니 믿을 만하다.

#사례 2 : 메이크업과 영어를
동시에 배우는 스튜디오

화장 기술을 배우는 것을 즐기는 여성들에게 희소식이 있다. 메이크업 화장술을 가르치는 스튜디오에서 영어도 가르친다는 소식이다. 이 신사업은 캐나다 밴쿠버의 메이크업 화장 관련 스튜디오에서 처음 시작되었다.

화장법과 영어 강좌를 동시에 듣는 사업인 셈이다. 영어에 서툰 외국인들을 위해서 화장 기술뿐 아니라 영어 실력도 향상시킬 수 있도록 영어 강좌를 개설한 것인데, 이를 가장 먼저 시작한 CEO는 일본의 유망한 화장 전문가 출신이다. 그는 캐나다 밴쿠버에 소재한 일본인들을 대상으로 화장법과 영어를 동시에 가르치는 사업을 전개했다. 교육 과정은 6주 동안 기초, 중급, 고급으로 나누어지며, 주 1회 메이크업 강좌와 함께 주 1회 영어 강좌를 들을 수 있도록 유료 회원제를 실시했다. CEO가 일본인 출신이라는 점을 최대한 살려 일본인 메이크업 종사자들을 대상으로 '화장법 강좌 + 어학 강좌'라는 새로운 비즈니스 영역을 처음으로 시도하게 되었고, 성공리에 진행되고 있다.

수강생 모집은 그렇게 어려워 보이지 않는다. 화장에 관심이 있고, 동시에 영어에 관심이 많은 사람들을 모객하면 되기 때문이다. 특히 해외 미용 관련 취업을 하려는 구직자들에게 희소식임이 틀림없다.

이제는 전혀 다른 이질적인 사업 아이템을 융합시켜 새로운 비즈니스로 탄생시키는 융복합형 사업의 시대가 되었다. 그래서 외국어 혹은 학습 관련 콘텐츠 교습을 카페나 메이크업 스튜디오에서도 할 수 있는 세상이다. 새로운 복합 문화 공간이라는 개념으로 사업을 확장시킬 수 있는 것이다.

편하게 휴식을 취하면서 영어 학습 혹은 내가 배우고 싶은 해당 과목을 오프라인에서 병행할 수 있는 세상이 왔다. 하지만 이 사업을 하기 전에 학원법에 저촉되지 않는지 사전에 유심히 살펴볼 필요는 있다. 그리고 영어를 제대로 가르칠 수 있는 자격 있는 영어 강사 채용이 굉장히 중요하다. 사업의 개념을 제대로 갖춘 시스템 구축이 이 사업 성공의 관건이다.

비만 탈출 레스토랑

선진국으로 갈수록 비만 환자가 늘고 있다. 비만 인구가 늘어나는 것은 먹는 것보다 활동을 하지 않기 때문이다. 로이터통신과 미국 정치전문 매체 〈더 힐(The Hill)〉 등이 보도한 내용에 따르면, 비만 문제에 대해 적절한 대응을 하지 않으면 2035년까지 과체중 또는 비만 인구가 세계 인구의 절반 이상이 될 것이라고 한다. 보고서는 특히 같은 기간 5~19세 어린이와 청소년의 비만 증가율이 전체 연령층 중에서 가장 높을 것으로 예상했다.

미국 성인 중 절반가량이 10년 후 비만이 되고, 25%는 고도 비만이 될 것이라는 연구 결과가 나왔다(2019년 12월 현재). 하버드와 조지워싱턴 대학교 연구진이 수행해 〈뉴 잉글랜드 저널 오브 메디슨(New England Journal of Medicine)〉에 실린 자료에 의하면, 미국 성인의 대부분이 비만

증세를 보인다고 한다. 비만 기준은 신장과 체중의 비율을 사용한 체질량지수(BMI)로 측정하는데, 저체중이나 정상은 BMI 지수가 25 이하, 과체중은 25 이상일 때, 고도 비만은 35 이상일 때를 말한다. 비만은 심장병, 뇌졸중, 당뇨, 암 등 다른 건강 문제를 유발할 수 있다.

2018년 기준 전체 성인 비만율은 34.6%로 대한민국 전체 성인 3명 중 1명이 비만인 것으로 나타났다. 연령별 비율은 70살 이상이 38%로 가장 높았고, 두 번째로 30대가 37.8%로 집계되었다. 삶의 질이 고양되면서 고기나 치즈, 케이크 등 고칼로리 음식을 많이 섭취하는 서양식 음식 문화를 가진 나라들에서 대체로 비만 인구가 높게 나타나고 있다. 나라마다 조금의 차이가 있을 수 있고, 나이와 키, 몸무게, 그리고 개인별 기초대사량 차이가 있지만 사람마다 권장되는 칼로리는 평균적으로는 성인 남성은 2,500kcal, 그리고 성인 여성은 2,000kcal라고 알려져 있다.

그럼, 지금과 같이 비만인구가 많아지는 현상에서 새로운 비즈니스가 탄생하는 것은 당연한 수순이 아닐까. 전 세계 비만 1위 국가인 미국에서 칼로리 조절이 가능하록 서비스를 준비한 레스토랑이 탄생했다. 총 600kcal 이하의 음식만을 제공하는 레스토랑 비즈니스다. 이 레스토랑은 고객의 건강을 최우선 미션으로 정한 후, 1일 성인 권장 열량의 1/3인 600kcal이하의 음식만을 선정해서 제공한다.

특별한 다이어트 음식을 갖추고 있는 레스토랑으로 글루텐이 없고,

저염분인 음식을 찾는 소비자들에게 희소식이다. 미리 자사의 사이트에 음식의 영양 정보 등 세부사항을 자세히 올려놓는다. 또한, 주변 지역과의 협력으로 50%까지 할인받을 수 있는 이벤트도 진행한다. 앱을 다운받도록 서비스를 만들면 누구나 쉽게 이용할 수 있다.

이 비즈니스와 국내에서 비슷하게 진행해도 되겠지만, 유통 9단인 필자가 조금 더 업그레이드시킨 방법을 제안한다. 예를 들어 고객층을 어른에, 어린이까지 더해보면 어떨까?

요즘 코로나19로 인해 재택근무를 하는 직장인이 늘면서 비만 인구는 점점 더 늘어나고 있다. 재택이 늘면서 활동량이 줄고 TV를 보면서 혼술을 하거나 냉동식품이나 배달 음식과 친해지면서 몸무게가 늘어나 코로나 '확찐자'가 되었다는 푸념을 많이 들어보았을 것이다. 또한, 비만은 당뇨병, 고혈압 등 성인병의 원인이 된다. 어렸을 때 비만인 아이들은 성인이 된 후에도 비만으로 이어질 가능성이 70%에 달한다. 그러므로 고객 타깃을 기존 성인에 더해 비만이 예측되는 어린이까지로 한다면 자연스럽게 엄마, 아빠까지 끌어들일 수 있게 된다. 그야말로 양수겸장인 셈이다.

여기서 한 걸음 더 나아간다면 이런 착한 비즈니스를 전개하는 레스토랑을 지역별로 모아 가이드북을 만들어주는 사업이다. 예를 들어, 서울 지역 혹은 전국 100곳 비만 방지 레스토랑(식당 포함) 정보를 총망라한 가이드북을 출간하는 것이다. 맛(Food), 서비스(Service), 분위기

(Decor), 가격 대비 만족도(Price)의 4가지 항목별로 점수를 매긴 정보를 정리한다. 마치 미쉐린 가이드북처럼 명성을 얻을 수도 있으리라!

이 사업 방식은 전국 지역 상권을 더 키우는 효과까지 안겨주므로 사업에 관심이 있는 지자체와 함께 공동마케팅을 전개하는 방식을 통해 공신력을 얻으면서 사업을 추진하는 방안도 추천한다.

취미가 같은 사람끼리
함께 사는 셰어하우스

셰어하우스는 여러 사람이 한집에 살면서 거실과 주방 등 일부 생활 공간을 공유하는 주거 형태로서 일본, 유럽 등 1인 가구 비율이 높은 국가에서 시작되어 점차 전 세계로 확산되고 있다. 최근 국내 부동산 시장에서도 안정적인 임대 수익을 얻을 수 있는 수익형 상품으로 인기리에 진행되고 있다. 그래서 기존 빌딩 중에 수익성이 떨어지는 오피스텔이나 사무실을 셰어하우스로 바꿔 운영 수익을 개선하는 부동산 개발회사도 늘고 있다. 최근 일본에서는 새로운 형태의 셰어하우스가 주목을 받고 있다.

⑴ 노년층과 젊은이가 함께 사는 '세대(世代) 공존형' 셰어하우스 : 젊은이들에게 비교적 저렴하게 임대료를 제공하는 대신 집 주인 격인 시니어가 함께 이야기를 나누고 식사도 가능하면 함께하는 형태다. 대체

로 가정적인 분위기가 장점이다.

(2) '싱글맘 전용' 셰어하우스 : 홀로 아이를 키우는 싱글맘을 위한 형태다. 이곳에서는 베이비시터(babysitter)를 공동으로 이용할 수 있고 입주자들이 번갈아가며 어린이를 유치원에 보내는 등 '육아 품앗이'가 가능하다.

(3) '아웃도어 스포츠맨 전용' 셰어하우스 : 아웃도어 스포츠를 좋아하는 젊은이들을 위한 형태다. 건물 외벽에 록 크라이밍 시설을 설치해 입주자들이 마음대로 록 크라이밍 액티비티에 참여할 수도 있고, 텐트, 스키용품 등 아웃도어 용품을 수납할 수 있는 대형 공간을 마련해둔다.

(4) '농사'가 취미인 사람들을 위한 셰어하우스 : 나이보다는 취미가 같은 사람들끼리 모이도록 설계된 셰어하우스다. 나이는 20대부터 50대까지로 다양한 편이지만, 취미는 농사를 즐긴다는 공통점을 지닌 사람들만 입주가 가능하다. 30평 규모의 텃밭에서 농사를 지을 수도 있고, 진짜 프로급 농부가 정기적으로 방문해 농사 기술을 전수해주고 농가 음식 만드는 법도 가르쳐준다.

(5) 영어를 배우면서 함께 사는 셰어하우스 : 이곳에는 영어 강사가 함께 거주하면서 일상생활 속에서 영어를 배울 수도 있는 '영어회화' 하우스다. 영어 수업도 가능하도록 세미나룸을 갖추었고, 이들 간의

언어는 당연히 영어로만 진행된다.

⑹ 자전거 동호인들만의 셰어하우스 : 자전거(바이크) 타는 취미를 가
진 젊은이들만 입주 가능한 셰어하우스다. 이들은 일정만 맞으면 언제
든지 바이크 투어를 떠난다.

〈일본 도쿄에 있는 오토바이를 좋아하는 동호인들 위주의 셰어하우스인 NE 아파트의 모습〉
출처 : www.architonic.com/en/project/nakae-architects-ne-apartment

최근 일본의 셰어하우스는 나이보다는 취미가 같은 사람들을 함께 하도록 설계된 형태로 발전 중에 있으므로 우리나라에서도 벤치마킹이 가능해 보인다.

고령화와 인구 감소 등으로 빈집이 대거 남아도는 지방에서 여러 가지 형태의 다양한 시도가 가능해 보인다. 이때, 유의할 점은 기존 셰어하우스 생활에서의 불편한 점, 단점이라 생각되는 항목들을 리스트 업 해서 미리 해결책을 마련해놓는 것이다. 새로 주택을 업그레이드시킬 때부터 같은 취미나 성향의 사람들이 모여 최대한 주거생활이 행복하도록 설계되어야 할 것이다.

또한, 아직 이런 주거 형태에 사는 세입자를 보호하는 법이 제대로 제정되어 있지 않은 상태이므로 세입자 위주로 부동산 계약관계가 진행되도록 사전 준비를 잘해야 할 것이다. 세입자 중심으로 임대차 계약서 문구를 작성해 기존 셰어하우스와의 차별점을 부각시키도록 하자. 그리고 보안시설 등 사용자 편의 중심으로 시설을 갖춘 업체임을 강조하는 사전 홍보마케팅도 진행하자.

회원제 워케이션
(재택근무)

코로나19로 인해 전 세계 도시에서 일하던 직장인들에게 많은 변화가 생겼다. 그 많은 변화 중의 하나가 바로 원격근무가 가능해졌다는 사실이다. 지금까지 대부분 직장인들은 대도시 혹은 대도시 외곽 위성도시에 살면서 만원 전철을 타고 도쿄 도심에 있는 사무실로 매일 출퇴근할 수밖에 없었다. 하지만 코로나19 이후부터는 원격근무 체제가 가능해짐으로써 새로운 삶의 방식이 만들어지고 있다.

즉, 원하는 곳에서 살면서 기존의 업무를 할 수 있도록 방식이 전환되고 있다. 서울도 그렇지만 일본 대도시에 사무실이 있는 직장인의 평균 출퇴근 시간은 100분으로 상당한 시간을 투자해야 한다(참고로 서울 직장인의 출근 시간 평균은 53분, 경기도에서 서울로 출근할 때는 72.1분으로 나왔다 – 아주경제 2021년 9월 8일 기사).

재택근무 혹은 원격근무가 가능해져 더 이상 비싼 집값을 내면서까지 대도시에 살 이유가 사라졌고, 매일 지옥 같은 출퇴근에서 벗어날 수 있는 세상이 된 것이다. 이제부터 워라밸을 갖춘 환경을 찾아 대도시가 아닌 곳으로 근무환경을 바꿔보려는 직장인들이 늘어나고 있다. 일주일 혹은 보름에 한 번 도심에 있는 사무실에 가서 주간 회의 혹은 월간 회의에 참석할 수도 있으니 대도시에서 아주 멀리 떨어진 지방보다는 도심에 있는 사무실까지 2~4시간 이내면 이동이 가능해 보이는 지역으로 눈을 돌리기 시작한 것이다.

평상시 업무가 매일 대면해서 진행하지 않아도 되는 직장인이라면 도시를 벗어난 전원생활도 가능하다. 그곳에서 일도 하고 등산도 하고, 맛집도 찾아가는 슬로라이프를 누릴 수 있다. 일본도 그렇지만 우리나라도 전국에 빈집이 상당히 많다. 이 빈집을 개조해서 사무실처럼 사용해보는 것은 어떨까. 서울에서 가까운 중소 도시의 빈집 혹은 싸게 나온 집을 구입해서 제2의 일터로 만들자. 만약 서울에 집이 있다면 전세를 놓고 전원생활을 해도 될 듯싶다.

전국에 있는 빈집을 사무가 원활하게 진행될 수 있도록 개조해서 네트워크하는 비즈니스는 어떨까? 전국에 산재한 좋은 터의 빈집을 사무실 겸 숙소로 개조해서 원격근무를 하려는 수요자를 찾아내 고급 서비스를 제공하는 신사업을 준비해보자. 우선 한 채부터 시작해서 상황을 보고, 지역을 넓히면서 전국 네트워크 체제로 전환할 수도 있을 것이다.

새로운 부동산의 재발견

수요자는 회원제로 운영해야 하며, 가입비와 월 이용료를 지불하는 구독형 비즈니스도 가능해 보인다. 부동산 이용 서비스는 30여 년 전부터 전국에 산재한 콘도미니엄을 이용할 수 있는 비즈니스 모델과 비슷하게 진행할 수도 있다. 회원 등급에 따라 이용할 수 있는 일터 집의 횟수와 기간을 정할 수 있다. '워케이션'이라는 메가 트렌드를 이용해서 시간과 장소에 구애받지 않고 일과 휴식을 동시에 진행할 수 있게 된다.

이런 비즈니스를 통해 '지역경제 살리기'에 노력하는 지자체의 예산을 이용할 수도 있고, 지자체 도움을 받아 수요자와 자연스럽게 연결될 수 있을 것으로 보인다. 지자체 입장에서도 지금까지 추진되어왔던 지방 경제 살리기와 수도권 집중 해소, 일하는 방식 개혁, 지역 디지털화 개선 등의 프로젝트를 한 번에 성공시킬 기회이므로 상당히 적극적인 지원이 예상된다.

원격근무가 널리 보급되고, 워라밸이 생활화된다면 육아에 고민이 많았던 워킹맘과 연로한 부모님 병시중 등의 이유로 적극적으로 노동시장에 참가하지 못했던 경력 단절 여성들에게 더 많은 일자리가 탄생할 수 있는 환경이 되므로 국가로부터 많은 도움도 받을 수 있는 비즈니스 모델이라 생각된다.

〈원격근무와 휴가를 일상 생활로 받아들이는 MZ세대 젊은이들〉

출처 : workation.com/

31

여성 전용
민박 서비스

우리는 종종 일상을 벗어나 배낭 하나 딸랑 메고 국내 혹은 해외로 떠나고 싶어 한다. 또는 친한 친구들과 이색적인 장소로 여행을 하고 싶다. 판에 박힌 일상생활에서 탈출하기 위해서다. 또는 자신의 일상에서 찾아보기 힘든 새로운 정보를 얻기 위해 해외 선진도시를 찾아 떠나곤 한다. 적은 비용으로 많은 것을 보려고 한다면 여행사가 준비한 패키지 여행이 좋을 것이고, 자신이 직접 여행 일정을 계획하고 실행하는 것을 좋아한다면 배낭여행을 떠나야 할 것이다.

이 비즈니스는 외국 유명 대학에 유학을 하러 갔다가 방학을 이용해서 인근 나라와 도시를 여행하다가 어느 도시에 폭 빠진 경험을 해본 적이 있는 여성분들에게 적극적으로 권장하고 싶은 뉴비즈니스다.

스페인 바르셀로나 민박 비즈니스

스페인 바르셀로나에는 여성 배낭족을 상대로 하는 민박집으로 유명한 곳이 있다. 스페인 여행을 하다가 아예 눌러앉아 민박 사업으로 성공한 한국의 젊은 여성의 사례다.

이 민박집은 여성 관광객만 이용이 가능하고, 안전과 많은 서비스를 준비하다 보니 배낭족들에게 입소문이 나서 전 세계 여행 배낭족들로 항상 붐비는 핫플이 되었다. 영국에서 유학 생활을 하면서 배운 영국식 민박업을 바르셀로나에서 시작한 것이다. 요리하는 것과 사람들과 이야기하는 것을 즐기던 그녀는 이젠 어엿한 사업가로 자리매김했다. 향후 민박 사업을 호텔 사업으로 성장시키는 것을 목표로 미래 비즈니스의 큰 그림을 그리고 있다고 한다.

배낭여행은 이제 젊은이들의 메가트렌드

만약 어느 도시에 갔는데, 너무 예쁘고 분위기가 좋다면 며칠간 더 눌러앉아 해당 도시를 더 시장 조사하기를 바란다. 부업 혹은 주업을 할 만한 아이템을 발견하게 될지도 모른다. 만약 발견하지 못한다고 하더라도 해당 도시가 당신과 인연이 깊다면 분명 기간을 연장해서 더 살게 될 것이다. 보안 시설 등의 여성만을 위한 다양한 시설과 정보를 미리 잘 준비만 하면 되리라 생각된다. 사실 여성만을 위한 민박 시설이 별로 없기 때문에 성공확률도 높아 보인다.

최근에 여행 메가 트렌드는 '한 달 살기'다. 여성만을 위한 한 달 살기에 적합한 도시에 민박 비즈니스를 시작해보자. 한 개의 도시에 만족하지 말고, 여러 도시에 같은 브랜드로 민박 네트워크를 개설해보자. 민박 사업이 발달하면 연관 사업으로 계속 발전할 수도 있으리라 본다. 예를 들어 음식 사업, 의류 사업 등 여성 여행자를 위한 상품과 서비스가 계속 탄생할 수 있는 기본 비즈니스로 민박 사업을 시작해보자. 여성만을 위한 민박 사업은 더 큰 사업을 하기 위한 기초 사업이라고 할 수 있다.

기성 신발에
그림 그려주기

만약 당신이 그림 그리기가 취미라면 나아가 다른 사람들이 당신의 그림을 칭찬한다면, 이번 뉴비즈니스에 집중하기를 바란다.

세상이 빠르게 진화되다 보니 고객의 다양한 기호나 니즈(Needs)를 파악해서 일대일 맞춤 서비스로 틈새시장을 공략하는 프리랜서들이 늘어나고 있다. 이들의 특징은 제품이나 서비스의 생산 단계 이후에 고객이 참여해 원하는 대로 해주는 것이다. 인터넷과 모바일 발달과 함께 고객이 직접 자신의 신체 사이즈와 디자인을 선택해 주문하면 바로 제조사에 정보가 도달해 고객만을 위한 '나만의 맞춤상품'을 배달받게 되는 시스템이다.

얼마 전, 유럽 여러 도시를 여행하다가 겪은 일이다. 어느 여성분이 이탈리아 소렌토 바로 앞에 있는 카프리섬 어느 스토어 앞에서 기성 운동화 옆면에 그림을 그려주고 있었다. 그림의 종류는 고객이 선택한 것으로, 그야말로 세상에 단 하나뿐인 나만의 신발로 재탄생하도록 도움을 주는 서비스를 사업으로 하고 있었다.

〈이탈리아 카프리섬의 어느 스토어 앞에서 지구상에 단 하나뿐인 신발로 재디자인 작업 중인 여성〉

출처 : 필자 작성

맞춤 사업에는 한계가 없다. 우선 사람들이 가장 선호하는 품목에 집중하길 바란다. 예를 들면 시계, 양복, 구두, 넥타이, 화장품 등 패션 상품이면서 소비자가 지인들에게 자랑하고픈 아이템을 생각해보자.

세계적인 글로벌 기업들은 이미 고객 대응력을 높이고 개인 맞춤형 서비스와 제품을 제공할 수 있도록 시스템을 구축, 보완 중에 있다. 당연히 충성고객, 지속적인 고객으로 붙잡아두기 위한 전략이다. 그렇다면 중소기업 역시 반제품적 온리원 제품을 제공하는 시스템을 하루빨리 구축하도록 노력해야 할 것이다. 남에게 자랑하고 싶은 품목 위주로 아이템을 선정해서 맞춤 비즈니스를 기획하자.

특출한 디자이너의 창작 아이디어에 의해 최종상품이 만들어지는 것이 아니라 주문 고객과 함께 만들어가는 비즈니스다. 대중들의 톡톡 튀는 아이디어를 이용해 새로운 운동화 브랜드를 창설한 기업이 미국 포틀랜드에서 생겨났다. 집단지성을 최대한 이용하는 방식인 셈이다. 이 방식은 회원인 고객들이 자사가 미리 준비된 신발 디자인 중에서 가장 인기가 많은 신발 디자인을 채택함으로써 고객과 함께 비즈니스를 진행할 수 있도록 시스템을 구축한 사례다.

나만의 제품을 갖고자 하는 소비자의 욕구는 해가 갈수록 커지고 있다. 앞에서 이야기한 신발뿐만 아니라 그 어떤 제품에도 응용할 수 있다. 요즘은 모바일 연동형 인터넷 홈페이지를 거의 다 갖고 있으므로 인터넷 또는 모바일을 통해 주문을 받고 제작 과정도 알려줄 수 있는 시스템을 구축하면 된다.

주문 고객은 지구상에서 나만의 유일한 제품을 소유하게 되면서 좋고, 회사는 마진 높은 상품으로 판매를 유도하고, 회사 네임밸류도 높아져서 좋은, 소비자, 제조회사 모두에게 윈윈인 게임이 아닐 수 없다.

소확행 시장을 공략하는
색다른 비즈니스

소박하지만 여유로운 삶의 방식을 추구하는 현대인들이 늘어나고 있다. 성장과 경쟁에 매몰된 채 정작 중요한 행복을 등한시하고 있는 현실에서 벗어나 우리는 소박하지만 확실한 행복을 누리고 싶어진다. 그런 측면에서 일반적인 비누가 아닌, 디자인이 파격적인 프리미엄 비누만을 파는 뉴비즈니스가 이번 사례다. 회사의 판촉물로도 가능하고 일반적인 선물도 가능하도록 상품의 질을 높였다. 비누는 누구나 쉽게 접근해 사업을 할 수 있는 아이템이다. 하지만 일반적인 비누로는 기존 시장을 뚫기가 쉽지 않다. 반면 이색 프리미엄 비누는 사용처가 다양하므로 창업하기에 무리수가 없어 보인다.

세계 유명 복합쇼핑몰이나 유명 백화점을 가보면 화장품 매장이 보통 1층에 포진하고 있다. 화장의 기본은 세면으로, 세면은 비누를 기본으로 필요로 한다. 다시 말해서 뷰티 시장의 가장 기본 제품군에 비누는 빠질 수 없다는 이야기다.

최근 세계의 뷰티 트렌드는 '유기농'이다. 우리나라도 '유기농' 화장품이 각광받고 있다. 많은 뷰티 브랜드들이 피부에 순한 '유기농' 라인을 구축하고 있다. 비누와 연관된 비즈니스는 상당히 많이 발달하고 있는데, 여기에 프리미엄 개념을 넣어보자.

월세 원룸에 살아서 설령 럭셔리 명품 가방은 구입하지 못한다고 해도 나만의 작은 럭셔리 소비를 하고자 하는 소비자들이 늘고 있다. 최근 혼자 사는 1인 가구주는 온라인 쇼핑몰에서 프랑스 천연 세제를 사고, 최고급 면화로 만들었다는 일본 세안 수건을 구입하며, 치약은 개당 1만 원대의 제품으로 사고, 고급 향수는 아니더라도 섬유 유연제만큼은 프리미엄 제품을 쓰는 식으로 일탈을 한다는 점을 기억하자.

〈미국 아마존 쇼핑몰에서 68달러에 팔리는 프랑스산 고급 비누 세트〉

출처 : www.amazon.com

집 인테리어를 바꾸기보다는 쓰던 물건을 고급으로 바꿔 기분 전환을 하는 것이다. 소비자들의 이러한 '스몰 럭셔리(small luxury)'에 비누를 넣으면 좋겠다는 생각이다. 큰돈 쓰지 않고 호텔 같은 분위기를 연출할 수 있는 작은 럭셔리 아이템으로 포장하자는 것이다.

비누와 관련된 또 다른 시장이 있다. 일본 고급 료칸들은 '디테일의 달인'이어서 욕실의 비누를 그냥 비치하지 않는다. 일본 전통 문양의 최고급 깔개 위에 비누를 비치한다. 그래서 욕실을 이용하는 고객들에게 품격과 고급스러움을 느끼도록 환경을 조성한다.

우리나라도 일부 고급호텔에서는 한국적 재료로 만든 비누를 한지에 싸서 비단실 같은 것으로 감아 욕실에 두기도 한다. 이런 비누 관련 특화된 시장도 커지고 있음을 기억하기를 바란다. 프리미엄 비누의 브랜딩 전략을 생각하고, 새로운 패키지 디자인을 가미한다면 사업으로 자리매김하기에 부족하지 않을 것이다.

지구와 함께 살고 싶은
포장 제로 마켓

2019년 10월, 소셜 미디어에 화제가 된 한 장의 사진이 있다. 미국 플로리다 해변에 부화한 지 얼마 안 되어 숨겨서 떠밀려온 새끼 거북의 사진이었다. 사람들을 충격에 빠뜨린 것은 새끼 거북의 작은 몸에서 발견된 무려 104개의 플라스틱 조각이었다. 플라스틱을 먹은 바다거북이는 더 이상 음식을 먹을 수 없어 죽었다.

해양 쓰레기의 거의 대부분을 차지하는 플라스틱으로부터 어떻게 지구를 깨끗하게 지킬 수 있을까? 몇 년 전, 2명의 대학생이 과자 봉지 160개로 뗏목을 만들어 한강 건너기에 성공했다. 과자 봉지를 이용한 한강 건너기 퍼포먼스는 우리가 얼마나 과대포장 환경 속에서 살고 있는지 여실히 알려주는 계기가 되었고, 국내 과자 제조 업체에 아주 잠시 긴장감을 불러일으켰다.

필자는 해외 마켓 조사를 하면서 식품 분야, 패션 분야, 생활용품 분야 등 다양한 업종 제품군의 포장 상태 및 포장 방식, 그리고 포장 외관에 기재된 소비자를 위한 정보 등을 유심히 관찰한다. 알다시피 우리나라는 선물 과대포장이 일상화되었다.

하지만 대부분의 선진국에서는 과대포장을 잘 보기 힘들다. 선진국의 소비자들은 친환경적인 이미지를 주는 제품 위주로 구매하는 소비자 의식이 명확히 있기 때문이라 보여진다.

포장재 없는 방식의 식료품점(package-free grocery store)으로, 소비자가 구입할 식품을 담을 그릇을 직접 가져오는 방식을 사용하기도 한다. 세계적인 기업들은 선물 세트 자체에 손잡이를 만들어 추가 쇼핑백 사용을 줄이거나, 플라스틱 용기 대신 옥수수, 감자 전분으로 만든 생분해성 용기를 사용하거나 스티로폼 대신 재생 용지를 완충제로 쓰는 등 친환경 포장을 위해 애쓴다. 심지어 포장재를 먹을 수 있는 시도도 진행하고 있다.

독일 등 유럽에서 전개되는 '포장 제로' 마켓

2015년 9월, 독일 베를린에서 문을 연 한 슈퍼마켓은 '포장 제로' 전략을 썼다. 기존 슈퍼마켓과 달리 용기를 재사용하고, 원하는 상품을 원하는 양만큼 구입할 수 있는 방식이다. 이를테면 소비자가 원하는 크기의 용기를 가져오는 'BYOC(Bring your own container)' 전략이다.

또한, 독일 슈퍼마켓은 소비자가 원할 경우, 재활용이 가능한 용기,

분해가 가능한 종이가방을 준다. 이런 '포장 제로 숍 프로젝트'는 독일 뿐만 아니라 프랑스, 덴마크 등 유럽에 확산 중이고, 동양권에서는 싱가포르가 선두주자다. 우리가 빨리 배워야 할 사항이면서 동시에 바르게 벤치마킹해야 할 신사업 분야다.

〈싱가포르 포장 제로 스토어 'UNPACKT' 전경〉

출처 : unpackt.com.sg/about-us/

이제 결론으로 들어가보자.

대한민국 제품들의 과대포장 이력은 20~30년 전으로 거슬러 올라간다. 이는 자신의 이력을 되도록 과대포장하려는 기성세대부터 시작된 암묵적 사회용인 현상이 아닌가 싶다. 이제부터라도 포장의 순기능에 집중해서 원가를 줄이고, 플라스틱 사용을 자제해주기 바란다.

만약 불필요한 과대포장을 주로 하는 기업에는 패널티를 주는 관점에서 불매운동도 집행해야 할 것이다. 수준 높은 선진국 소비자가 되려면 해당 기업 제품의 불매운동이 일상화되어야 한다. 아직 우리나라는 식료품점에서 포장 없이 판매한다는 인식조차 거의 없는 것이 사실이다. 고객이 직접 포장 용기를 가지고 와도 시스템이 구축되어 있지 않으니 아직까지는 불능이다. 우리나라의 환경 관련 의지는 정부부터 시작해서 상당히 미약해 보인다.

불필요한 기능이 많은 상품의 부가 기능을 빼고 제조한다면 새로운 가격이 눈에 보이기 시작할 것이다. 그리고 에코 포장을 통해 회사와 상품의 혼을 제대로 표현하는 콘텐츠 제공에도 많은 경영노하우가 필요해 보인다. 국제 환경 단체 그린피스 서울사무소에 따르면, 우리나라 국민 1명당 1년에 생수 페트병 96개, 일회용 플라스틱 컵 65개, 일회용 비닐봉지 460개(2017년 기준)를 썼다고 발표한 바 있다.

그런 측면에서 우리나라도 독일에서 성공적으로 진행되고 있는 'BYOC' 사업을 전개했으면 한다. 포장재를 빼니 당연히 구입가격도 일반 상점보다 저렴하다. 한마디로 환경도 보호하고 돈도 버는 사업이다. 일명 '리필 스토어'라고도 한다. 요즘 서울에서 하나둘씩 리필 스토어가 탄생하고 있다. 서울에서는 '제로마켓(zero market)'이라 칭하면서 지자체가 도움을 주는 방식을 채택했다. 이 스토어는 일회용 포장재를 사용하지 않는 '제로 웨이스트' 상점이다.

일회용 플라스틱이나 용기 등 포장재를 사용하지 않고, 다회용기 사용을 장려하며 동시에 친환경 상품들도 판매한다. 세제, 샴푸, 화장품 등 리필이 가능한 제품을 구매할 때 필요한 만큼만 무게를 재서 살 수 있다. 매장에 비치된 전용용기를 이용하거나 소비자가 직접 집에서 가져온 다회용기에 제품을 담아서 구매하면 된다.

홍콩에도 여러 곳에 제로 웨이스트 슈퍼마켓이 개장해서 성업 중이다. 세라믹 주방용품과 친환경 장난감 및 디자이너의 수공예 제품들도 구매할 수 있다. 싱가포르나 독일 등 선진국에서는 카페, 꽃집, 네일샵 및 친환경 제품 등 상당히 다양한 제품군을 판매한다. 이곳 명칭을 '리필 스테이션'이라고 부른다. 제로 웨이스트 트렌드에 힘입어 스킨케어, 샴푸, 세제 등의 제품을 개인이 가져온 용기에 덜어서 판매한다.

리필 스토어를 이용하는 방법은 간단하다.

1. 가져온 비어 있는 용기의 무게를 잰다.
2. 리필하려는 세제 혹은 음식물을 담는다.
3. 리필이 완료된 후 좀 전에 재었던 저울에 다시 한번 무게를 잰다.
4. 리필한 제품에 관한 전산 태그가 자동으로 나오면 해당 태그를 가지고 계산대로 가서 계산하면 된다.

우리나라에서도 곧 환경을 생각하는 소비자가 점차 늘어나기 때문에 이들을 위한 환경 친화 제로 웨이스트 스토어, 리필샵들이 많이 탄생하리라 예측된다. 향후 지자체와 공동 프로젝트로 진행도 가능해 보이기 때문에 창업자가 사는 시·군과 협력체계를 갖추면서 사업을 진행하기 바란다.

아파트 단지 내 공동식당 운영
(실버타운 내 음식점 운영)

대부분 나이가 들고 은퇴를 하게 되면 그야말로 삼식이(집에서 아내가 차려주는 세끼를 먹는 남편을 지칭) 생활을 하게 된다. 직장에서 30~40년간 일만 했더라면 이런 삼식이 생활에 적응하기가 쉽지 않을뿐더러 하루 세끼 식사를 준비해줄 수 있는 왕성한 체력을 지닌 아내도 그렇게 많지 않다.

그래서 은퇴한 부부 중에는 자녀를 출가시킨 후 실버타운에 입소를 생각하는 분들도 있다. 실버타운에 입소하게 되면 우선 식사와 청소, 빨래로부터 해방하게 되니 아내 입장에서는 어느 정도 자유로운 여생을 살 수 있게 된다. 그래서 실버타운 입소 동기에 '편리한 노후 생활을 위해서'라는 답변이 대부분이라고 한다. 나이가 들어 장 보거나 청소하거나 빨래하거나 식사를 준비하는 것이 해가 갈수록 힘이 드는 고령층 수요자들에게 편리한 주거 환경은 삶의 질을 결정하는 그 무엇보다 중요한 요소다.

실버타운에서는 식사·가사·의료 서비스 제공은 기본이고, 일상에 필요한 생활 및 여가 편의시설, 프로그램까지 갖추고 있다. 일반 아파트 중심의 주거시설에서는 누리지 못하는 편리함이나 안락함을 갖추었기에 최근 은퇴한 이들에게 각광을 받고 있다. 이것을 새로운 비즈니스로 탄생시키면 어떨까.

〈롯데그룹이 새롭게 투자하기 시작한 실버타운 VL 부산 기장점 전경〉

출처 : newsworld.co.kr/detail.htm?no=9046

요즘 주민을 대상으로 식사를 제공하는 아파트와 오피스텔이 생기기 시작했다. 식대는 6,000~7,000원 수준이고, 총 600여 가구 단지에 매끼 식사 제공이 가능한 공간을 별도로 마련해놓았다. 아내가 피곤하다거나 집에서 요리하기가 어려운 상황이라면 공동식당에 내려가서 식사를 하면 된다.

최근 1인 가구와 고령층 가구가 점점 늘어가고 있기에 신규 아파트 단지가 아니더라도 기존 아파트에 공간만 있다면 공동식당 운영 대행이 가능해 보인다. 입주민에게 유료 식사 제공을 해줌으로써 주민에게는 편리함을 주고, 운영회사는 수익을 발생시킬 수 있어 양자가 윈윈하는 비즈니스 구조다.

대단위 아파트 혹은 오피스텔 단지에 이런 공동식당이 있다면 일부러 실버타운에 들어갈 필요까지는 없어 보인다. 실버타운은 주위에 나이가 든 분들만 있기 때문에 활기가 부족해 보이고, 환경 전체에서 무거움이 느껴지는 단점이 있지만, 공동식당 제도가 있다면 젊은 주민과 나이 든 주민이 공존하는 공동체 생활을 계속 유지할 수 있을 것이다.

나아가 공동식당 비즈니스 이외에 공동세탁 서비스를 제공해주는 비즈니스는 어떨까. 아파트 혹은 오피스텔 단지 중심부에 골프장의 클럽 라운지처럼 공동식당, 와인바, 가족 연회룸, 파티룸, 그리고 헬스장까지 동네 주민을 위한 문화센터 기능을 모아서 조성하면 된다. 실버타운에 갈 이유를 대체해줄 뉴비즈니스가 필요해 보인다.

36

프리미엄 반찬
구독 서비스

맞벌이하는 주부, 혼자 사는 싱글족의 공통된 고민이 있다. 바로 끼니때마다 밥과 함께 먹을 밑반찬이 마땅치 않다는 점이다. 때마다 동네 인근에 있는 반찬가게에 들러 반찬을 구매하는 것도 지겹다. 뭐 다른 방법은 없을까?

한 끼를 먹더라도 제대로 좋은 것을 먹고 싶다. 바쁜 30대만 그런 것이 아니다. 나이가 들기 시작한 50대 주부도 마찬가지다. 삶에 조금은 여유가 찾아왔다지만 반찬 고민은 여전하다. 워킹맘인 경우에는 퇴근하는 시간이 늦어질 때가 종종 있어 동네 반찬 가게와 할인점이 모두 문을 닫기 일쑤다.

그래서 탄생하게 되었다!

서울 강남의 고급백화점 반찬 매장에서는 고급스러운 놋그릇에 반찬을 담고 전용 쇼케이스도 설치했다. 이 식품관 매장 면적의 1/4이 반찬 관련 매장이다. 매출이 뒷받침되니까 이렇게 큰 매장을 운영하는 것으로 보인다. 서울 강남의 주요 백화점 식품관에 있는 반찬가게에는 단골 손님만으로도 장사를 어렵지 않게 진행하고 있다. 신규고객을 적극적으로 개척하지 않아도 될 정도라고 한다.

이것을 벤치마킹해 프리미엄 고객을 대상으로 반찬 구독 서비스를 준비해보는 것은 어떨까? 질 좋은 재료, 제철에만 먹을 수 있는 재료만을 엄선해서 손맛을 입히자.

서울 강남에서 새벽배송을 해서 성공적으로 안착한 '마켓컬리'가 벤치마킹 사례 두 번째다. 그 누구보다 빠른 프리미엄 식자재 배송 사업의 미래를 본 여성 CEO의 혜안 덕분에 주부들은 편리하게 식재료를 구매할 수 있게 되었다. 스마트 소비자 시대가 왔기 때문에 새롭고 좋은 식재료가 나오면 똑똑한 소비자는 반드시 구매한다. 프리미엄 반찬 역시 마찬가지다. 이것의 필요성을 누구보다 절실하게 느끼는 서울 강남 주부나 싱글들이 든든한 고객이 되어줄 것이다.

맨 처음에는 지역 장사로 시작하겠지만, 나중에는 그 지역 범위를 상당히 넓힐 수 있다. 오토바이 퀵 서비스로 구독회원의 소재지 리스크도 뛰어넘을 수 있다. 이제부터 먹는 음식 비즈니스는 가성비보다는 '믿고 먹을 수 있는 신뢰'가 구매 의사결정의 요소다. 그래서 브랜드 전략이 더 중요해 보인다.

내 자식과 내 남편에게는 제대로 된 음식을 먹이겠다는 현명한 주부를 대상으로 회원을 모집해 구독, 배달 서비스 체계를 구축하자. 이때, 신선도 유지는 굉장히 중요하다. 김치 혹은 절임류를 제외한 모든 메뉴는 당일 제조해서 당일 판매하는 것이 원칙 중의 원칙이다. 그리고 회원만을 위해 반찬을 만드는 공간에 앱을 설치해서 24시간 위생 상황을 보여줄 수 있는 시스템 구축도 고려해볼 만하다. 이는 브랜드 파워에 대한 신뢰로 이어질 것이다.

오프라인 반찬가게와 온라인 앱을 통한 구독 서비스 병행이 가능한 비즈니스다. 반찬 만드는 것에 자신 있는 여성들에게 적합해 보인다.

래핑 광고 대행
비즈니스

래핑 광고(wrapping advertising)란, 제품을 포장지로 씌우듯이 건물이나 차량을 싸서 덮는 방법(래핑)으로 광고하는 것을 말한다. 버스 래핑 광고만 해도 버스 전체를 덮는 풀래핑(full wrapping) 버스와 반만 덮는 하프래핑(half wrapping) 버스가 있는데, 이런 움직이는 운송 수단을 이용한 광고 방식을 사업으로 전개할 수 있는 세상이 되었다.

특히 미국에서는 부착광고가 상당히 인기리에 진행되고 있다. 사업용 택시나 버스에만 광고를 부착하는 것이 아니라 일반 승용차에도 광고를 붙이면 매달 몇백 달러를 받을 수도 있다. 즉, 택시나 버스뿐만 아니라 개인 소유 자동차도 움직이는 광고판으로 되는 것이다.

그래서 광고주와 월 몇 십만 원을 받고 광고를 부착해줄 자동차 주

〈미국에서는 자동차 래핑 광고 대행사를 쉽게 찾을 수 있다〉

출처 : www.vinylfrog.com/blogs/car-wrap-tips/car-wrap-advertising

인을 연결해주는 신종 비즈니스가 성업 중이다. 광고 부착 차량에는 조건이 있는데, 일반적으로 출고된 지 5년이 넘지 않은 차만 해당된다. 또한, 차량 사이즈가 클수록 비싼 광고료를 받을 수 있다. 자동차 주인은 광고주의 조건에 따라야 하는데, 자동차가 다닌 장소를 사진으로 찍어 정기적으로 광고주에게 보내는 것도 조건의 하나다.

몇 년 전부터 우리나라에서도 배송 차량을 이용한 래핑 광고가 시작되었다. 우리나라 배송 트럭 래핑의 시초는 신세계쇼핑몰의 '쓱(SSG)' 트럭이다. 남녀 광고 모델을 배송 트럭 적재함 뒷면에 크게 넣어 여성 운전자들에게 좋은 반응을 얻어내는 데 성공했다. 파리바게뜨 역시 배송 트럭 래핑 광고를 적극적으로 활용하고 있고, 소셜 커머스 업체 티몬도 배송 트럭 뒤에는 '오전에 주문하신 애들이 타고 있어요'라고 적고, 적재함 윗면에는 '오빠 왔다. 설레지?' 혹은 '금방 올라갈게. 기다려' 같은 광고문구를 재치 있게 적어놓았다.

래핑 광고의 원칙은 아주 간단하다.

1. 간단하게 만들라(Make it simple)
2. 기억하게 만들라(Make it memorable)
3. 시선을 끌게 만들라(Make it inviting to look at)
4. 재미있게 만들라(Make it fun to read)

이것은 20세기 영향력 있는 광고인인 '레오 버넷(Burnett)'이 말한, 광고가 갖춰야 할 덕목이다. 세상이 복잡하면 할수록, 그리고 세상이 따분하면 할수록 래핑 광고는 더 쉽고 재미있게 표현해야 한다.

개인 자가용에도 광고 부착이 가능해진다면 상당한 부를 얻을 기회가 될 수 있으므로 현행 법의 모순을 잘 발견하길 바란다. 만약 개인 자가용에 광고를 부착하는 것이 불법이라면, 자전거나 전동킥보드 등의 다른 교통수단을 찾아보자. 이것은 동네를 1차 고객층으로 한 동네 장사하는 소상공인들 광고주로 받을 수 있기에 광고 대행 사업으로 발전할 가능성이 충분하다.

5060 패션모델 &
에이전시

과연 패션모델은 10~20대 여성의 특권일까? 50~60대 여성도 런웨이를 걸을 수 있는 세상이다. 직장을 은퇴한 여성으로서 패션에 관심 있는 분은 당당하게 시니어 모델로 등록하자. 시니어 모델로 어느 정도 유명해졌다면 시니어 모델 에이전시로 사업을 확장해보자. 100세 시대에 50대는 절반밖에 살지 않은 청춘 아닌가!

'아이언맨' 엄마로 잘 알려진 패션모델 메이 머스크(Maye Musk)는 칠순의 나이에도 불구하고 활발한 모델 활동을 이어가고 있다. 그녀는 최고령 현역 모델이면서 전 세계 엄마들에게 자녀 공부법에 대해 문의를 가장 많이 받는 분이기도 하다. 장남은 테슬라 CEO인 일론 머스크(Elon Musk)이고, 차남은 벤처캐피털리스트이자 식당을 8개나 소유한 최고경영자(CEO)이고, 막내딸은 주목받는 영화감독이기 때문이다. 그래서 그녀의 자녀 공부법을 궁금해하는 전 세계 타이거맘들로부터 사랑을 듬뿍 받는 중이다.

그녀는 결혼생활 10년 만에 파경을 맞은 후, 그때부터 아이 셋을 억척같이 키워야 하는 싱글맘이면서 워킹맘으로 살아왔다. 살아오면서 얼마나 난관이 많았는지 불을 보듯 자명하지 않은가. 그녀는 살아남기 위해 열심히 일을 찾아 살아야만 했다. 대학 내 리서치센터 연구원, 모델, 모델 양성 강사, 영양학 강사, 식이요법 개인 상담사 등 5개 직업을 가지기도 했다. 여러 일 중에서 패션 모델업도 있었던 것인데, 아직 은퇴하지 않고 현역에서 일한다는 자체가 본받을 만하다.

〈미국에는 50세 이상 시니어 모델 중심의 모델 에이전시 업체가 많다〉

출처 : go-models.com/50-plus-model

대한민국 신중년 중에 패셔니스타가 점점 늘어나고 있다. 100세 시대를 살면서 좀 더 젊게 보이고자 10년은 젊게 옷을 입으려 노력 중이다. 구매력이 한층 향상된 '파워 신중년'들은 SNS에도 능숙하다. 그뿐만 아니라 60대 이상의 청바지 매출도 매년 신장 중이다. 또한 SPA 패션브랜드 구매 비율에서 60대 이상 고객 수가 계속 증가 추세다. 우리나라 시니어층의 패션센스, SNS에 대한 감각과 흡수 능력은 다른 나라에 비해 상당히 높은 편이라 생각된다. 청바지 입는 것을 즐기고, 젊은 패션 감각을 잃지 않기 위해 상당히 노력하는 편이다.

그리고 이들의 소비가 거의 온라인으로 돌아섰기 때문에 쿠팡 등의 온라인 쇼핑에도 익숙하다. 예전의 시니어가 아니다. 이제는 젊은 오빠, 젊은 언니 수준이라고 할 수 있다. 그래서 이들을 대상으로 패션모델 비즈니스를 전개하는 것이 하나도 이상하지 않은 세상이 되었다. 우선 시니어 패션모델로 자리매김하면서 동시에 시니어 패션모델 에이전시로 사업 영역을 넓혀보자. 대한민국 최초 시니어 패션스쿨도 함께 열면서 말이다.

이동식 야채 전문점

앞에서도 이야기한 것처럼, 비만이 전 세계적인 문제가 되고 있다. 우리나라 역시 2018년 기준 전체 성인 비만율은 34.6%로, 전체 성인 3명 중 1명이 비만인 것으로 나타났다. 이렇게 확찐자가 늘어나는 지구촌에 어떤 대책이 필요할까?

이제는 야채 위주의 식사에 적극적으로 동참해야만 한다. 먼저 미국부터 시작된 야채 전문점 비즈니스를 이야기하려고 한다. 채식 관련 음식을 트럭에 싣고 이동하면서 판매하는 새로운 방식의 야채 전문점 비즈니스다. 물론 신선한 치즈도 준비되어 있다. 신선하고 맛있는 100% 채식주의 음식만을 준비해서 미국 시카고 지역을 중심으로 이동하며 제공 중이다. 트위터나 페이스북를 팔로우하면 움직이는 야채 트럭의 위치와 시간을 업데이트한 공지를 확인할 수 있다. 아니면 전

〈미국 야채 전문점에는 수많은 채식 음식 종류가 준비되어 있다〉

출처 : stemartaen.com/catering/dpsms

화 또는 문자를 보낼 수도 있다.

　이 사업은 채식주의 음식을 이동하면서 판매하는 것이 특징이다. 점포형이 아닌 무점포, 이동형으로 판매를 하고 있다는 것이 21세기 사업에 아주 잘 맞는 방식이라고 생각한다. 점포 임대를 위한 비용을 절약할 수도 있어 소상공인이 접근하기에 수월해 보인다. 마치 예전에 '총각네 야채가게' 비즈니스 모델이 떠오른다.

　21세기 소비자의 특징은 움직이는 '트렌슈머(trensumer)'다. 당연히 움직이는 소비자에게는 움직이는 서비스를 제공해야 할 것이다. 고객과는 사이트, 트위터, 페북, 인스타그램 등의 SNS를 통해 언제 어디서든지 소통이 가능하다. 이런 비즈니스의 또 다른 장점은 개인 고객뿐만 아니라 단체 고객의 주문에도 수월하게 응할 수 있다는 점이다. 그야말로 B2C2B 경영전략이 가능해 보인다.

최근 유기농 농산물에 관한 관심이 증가하고 있기 때문에 유기농 채소 등 원재료의 안전성에 신경을 써서 공급망을 구축한다면 상당히 안정적인 비즈니스가 유지되리라 예상된다. 개인 고정 고객의 주기별 구매 이력 등 구매 정보와 구입 장소 등의 정보를 잘 관리한다면 기본 매출은 유지할 것이고, 새롭게 단체 고객까지 확보한다면 사업은 일정 지역을 넘어서 전국적으로 전개할 수 있을 것이다. 당연히 향후 오프라인을 통한 브랜드 스토어 전략도 가능해 보인다.

과거 움직이는 국내 야채가게의 대명사였던 '총각네 야채가게'의 사례를 잘 연구하기를 바란다. '총각네 야채가게'의 성공요인은 좋은 상품과 아울러 젊은 패기와 즐거움을 동시에 제공함으로써 어머니 고정 고객을 계속 늘린 것에 있다고 생각한다. 항상 즐겁게 웃는 젊은 판매원들과의 소통 전략이 중요하다는 의미다.

1인 가구가 증가하면서 대형마트나 편의점 등에 작은 용량 제품이 점점 확대되는 중이다. 싱글족, 맞벌이족이 전체 인구의 절반을 넘게 되면서 1회 식사를 위한 소단위 포장이 대세가 되었다. 여기에 작은 용량으로 음식을 조리할 수 있게 주방용품의 사이즈도 상당히 미니화되었기 때문에 전반적인 외적 환경은 상당히 우호적이다.

미국은 이미 완성된 야채 음식을 제공하는 방식이기 때문에, 우리나라에서도 이런 완성품 방식이 적합한지, 아니면 야채 재료만 제공하는 것이 적합한 것인지는 사전 시장 조사를 한 후에 시행하기를 권한다.

떼창을 불러도 되는
뮤직 영화관

몇 년 전, 영화 〈보헤미안 랩소디(Bohemian Rhapsody)〉로 장안이 들썩였던 적이 있다. 전설의 록밴드 퀸과 리드보컬 프레디 머큐리(Freddie Mercury)의 삶과 노래를 그린 영화 〈보헤미안 랩소디〉 열풍은 영화관을 완전히 공연장으로 탈바꿈시킬 정도였다. 〈러브 오브 마이 라이프(Love of my life)〉, 〈위 아 더 챔피언스(We are the Champion)〉, 〈위 윌 록 유(We will rock you)〉, 〈보헤미안 랩소디〉 등과 같은 퀸의 명곡을 영화를 관람하고 있던 관객이 다 같이 일어서서 떼창을 했던 아주 색다른 경험을 기억할 것이다.

부모들이 들었던 퀸의 노래를 20대 아들, 딸들이 영화관에 모여 떼창으로 부르는 것은 정말 생각지도 못한 경이로운 장면이었다. 인생은 유한하지만, 노래는 무한하다는 사실을 알게 해준 사례다. 필자에게는

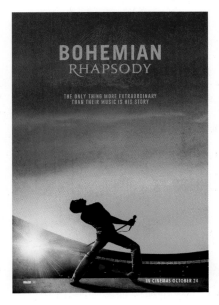

10대 시절 향수를 다시 불러일으킨 영화였는데, 우리네 아들, 딸들에게는 새로운 신선함을 가져다준 것이다.

관객이 따라 부를 수 있도록 노래 가사를 자막으로 넣어 보여주는 싱어롱 버전 영화를 시도한 것이 모든 관객에게 새로운 체험을 제공한 셈이다. 과연 그 누가 1970~1980년대를 풍미한 영국의 전설의 록밴드 퀸의 일대기를 다룬 영화를 보면서 나이를 막론하고 전 세대가 떼창을 부를 것으로 생각했겠는가?

이런 색다른 체험을 하고 싶은 고객들을 위한 영화관이 탄생했다. 바로 떼창을 할 수 있는 영화관 비즈니스다. 미국 LA에서 세계 최초로 노래방 영화관이 탄생했다. 영화관에서 관객들이 자막에 나오는 가사를 보며 노래를 함께 부를 수 있는 곳이다. 그야말로 젊은 소비자들에게 인기를 얻고 있는 신개념 영화관이다.

어느 나라나 마찬가지겠지만, 넷플릭스 등 OTT가 발전하면서 관객 수 감소로 고전하고 있는 영화계가 MZ층 관객을 타깃으로 새로운 비즈니스를 접목시킨 것이다. 중장년층 관객들이 객석에 앉아 조용히 영화를 감상하면서 입으로 혼자서 옹알이 식으로 노래를 따라 부른다면, 젊은 친구들은 다르다. 젊은 친구들은 동질의식과 공감대를 느끼면서 함께 행동한다.

노래 위주로 기획된 영화는 찾아보면 정말 많다. 노래가 나오는 장면에서는 자막에 가사를 넣어, 관객들이 쉽게 따라 부를 수 있도록 준비한다. 유명한 뮤직비디오를 상영하면서 함께 노래를 부를 수 있도록 프로그램을 설계할 수도 있다. 좋아하는 가수의 노래를 팬들이 함께 부를 수 있게 만든 영화관도 좋겠다.

가상세계인 메타버스를 영화관으로 들여와도 되겠다. 디지털 기기에 거부감이 거의 없는 2030 소비자에게 가상현실(VR) 헤드셋을 착용하게 한 뒤, 그들이 좋아하는 가수의 노래에 맞춰 춤을 추고 노래를 부르게 할 수도 있다. 이것이 앞으로 올 메타버스 공연을 하는 영화관 비즈니스다. 나의 우상인 인기 팝스타가 내 앞에서 춤추고 노래하고 있다는 착각이 들 정도로 완벽한 기술력이 뒷받침되는 세상이다. 영화관의 입체 음향은 노래에 한층 깊이 몰입할 수 있게 해준다.

메타버스 콘서트가 가능한 뮤직 영화관 비즈니스는 한 단계 높은 음악을 소비할 수 있는 장소가 될 것이며, 시각 효과 예술과 스토리텔링을 콘서트에 도입해 개인화된 새로운 음악 체험을 할 수 있게 해주는 앞서가는 뮤직 영화관으로 변신이 가능해 보인다.

메타버스 세계로 초대해서 실제 콘서트를 방불케 만들 수 있는 뮤직 영화관 비즈니스. 영화관의 무한경쟁시대에 노래방 떼창 비즈니스 콘셉트를 더하게 되면 그야말로 융합형 신사업이 될 수 있다.

테마에 따른
다양한 체험 투어

코로나가 어느 정도 진정 국면으로 돌아선 이후부터 해외 여행이 활기차게 움직이고 있다. 저가형 패키지 여행부터 프리미엄 상품까지 가격대별로 다양한 패키지 여행이 탄생하고 있다. 그동안 여행을 못한 것에 대한 보복심리로 비즈니스 클래스 이용은 물론, 호텔이나 식사 등급을 업그레이드하려는 여행객들도 늘고 있다.

또한, 투어 종류 역시 굉장히 세분화되어가고 있다. 기존에 누구나 가고 싶어 하는 명소만 가는 여행은 이제 더 이상 여행객들을 붙잡아둘 수 없다. 새로운 테마, 색다른 기획 여행, 음식 덕후만을 위한 푸드 투어가 다양하게 뜨고 있다.

지역 맛집만을 돌아다니는 맛집 투어

미국 애리조나주에서는 토종 음식을 지역 주민이 직접 안내해주는 여행 가이드 서비스가 탄생되었다. 이러한 투어 서비스는 지역경제를 살릴 기회도 제공하기에 지자체 도움을 받을 수도 있다. 일정 지역을 넘어서 전국적으로 많은 일자리를 창출할 수도 있다는 점에서 청년 사업가를 많이 양산해낼 수 있는 아주 훌륭한 사업 아이템으로 생각된다.

일반적으로 여행에서는 먹거리를 빼놓을 수가 없기 때문에 먹거리 여행은 여행 상품 중에서 가장 인기가 높은 서비스다. 이 여행 가이드 서비스는 지금까지의 일반 패키지 여행 상품처럼 유적지 탐방을 안내해주는 것이 아니라, 그 지역의 토종 음식과 특산품을 소개해주는 것이 주 테마다. 무엇보다 이색적인 것은 그 지역을 가장 잘 아는 지역 주민이 직접 여행 안내를 한다는 점이다. 당연히 가장 정확하고 신뢰성 있는 정보를 얻을 수 있고, 가장 좋은 음식과 특산품을 소개받을 수도 있다. 자신이 사는 지역을 소개해주는 투어 가이드는 지자체를 통해 선발함으로써 공정성을 부여할 수 있다.

해당 지역의 외식 업체와 특산물 관련 기업과 단체, 조합이나 기관들의 다양한 후원을 통해서도 이익을 발생시킬 수 있다. 즉, 여행을 통해 그 지역의 다양한 음식 문화와 상품을 홍보하는 기능을 담당하게 되기에 이와 관련된 단체들의 후원금, 나아가 지자체의 예산까지도 도움을 얻을 수 있다. 결론적으로 수익성도 다른 여행 서비스에 비해 2

〈애리조나 푸드 투어〉

출처 : arizonafoodtours.com/tour/

배 이상 창출해낼 수 있을 것으로 예측된다.

지역 상권을 알려주는 야간 부동산 상권 투어

부동산으로 돈을 벌고자 하는 부동산 투자자만을 선별해서 원하는 지역의 상권을 설명해주는 투어가 탄생할 수도 있다. 물론 2022년부터 우리나라는 부동산 침체기에 들어섰기 때문에 부동산에 대한 염려가 크겠지만, 그럼에도 대한민국만큼 부동산에 관심이 높은 나라가 있을까 싶다.

부동산 전문가가 상권 투어의 가이드가 되어 해당 지역 상가에 투자를 원하는 예비 부동산 투자자를 대상으로 2시간 코스의 야간 상권 투어를 기획하는 상품이다. 오후 6시 30분, 해당 지역의 중심 지하철역 근처에 위치한 공유 오피스에 모여 상가 투자에 앞서 알아야 할 상권 분석 방법과 상권 투어의 일정을 미리 공부한다. 그 후 저녁 9시까지 해당 지역 상권 임대료와 시세, 매물 등을 꼼꼼히 살피고, 투자 유의점 등을 현장에서 배우게 된다. 코로나 시대 시중에 나온 유동성 높은 자금들이 결국에는 부동산으로 흘러갈 것을 대비해서 부동산 상권 투어를 기획해보자.

미식가를 위한 건강 요리 여행

프랑스에 있는 '스푼트립(Spoontrip)'이라는 회사는 미식가를 모아 떠나는 건강 요리 여행을 기획, 추진 중인 와인 투어 플랫폼 업체다. 이 회사는 미식가에게 와인에 관한 모든 정보를 제공하는 국제적인 온라인 서비스 회사로서, 지역의 특별 요리를 경험하게 하는 미식 여행 상품을 기획, 판매하고 있다.

스시 배우기, 카르카손느(Carcassonne) 시장 요리 투어, 프랑스 세인트 에밀에서 점심 투어 등 각종 요리 관련 교육프로그램을 운영하면서 와인을 제공한다. 각종 요리와 관련된 교육 프로그램 운영으로 미식가들의 체험을 유도하거나 참여 기회를 높인다. 즉, 여행과 교육 사업을 병행함으로써 고정 고객으로 만드는 전략을 진행 중이다.

앞에서 소개된 일반 푸드투어 사업과 유사하지만, 미식가를 위한 사업이라는 점과 유명한 지역의 특별 요리만을 선별한 투어 상품이라는 점이 다르다. 최근 건강을 중시하는 미식가들의 수요 증가에 힘입어 기존 푸드 투어의 업그레이드된 상품이라 여겨진다.

앞으로도 이런 푸드 투어 혹은 와인 투어는 색다른 여행을 추구하는 해외 여행객들에게 새로운 틈새시장형 여행 상품이 될 수 있다. 음식, 건강, 맛에 집중한 미식을 추구하는 푸드 러버(food lover)들을 위한 안성맞춤형 투어가 될 것으로 예측된다.

여성을 위한 두부 전문점, 남성을 위한 두부 전문점

일본에서는 최근 '두부'를 테마로 하는 전문점과 단독 아이템 관련 히트상품이 출시되었지만, 아직 우리나라에는 제대로 출시 및 포지셔닝을 하지 않은 듯하다.

건강을 생각하는 현대인이라면 충분한 영양 섭취를 위해 매일 생선, 살코기, 우유, 녹황색 채소, 계란, 두부, 해조류, 과일 등 10가지 음식을 먹는 게 좋다. 나이가 들수록 매일 자기 체중 1㎏당 단백질 1g은 먹어야 한다. 그런 측면에서 '두부'는 우리 삶에서 떼려야 뗄 수 없는 필수 단백질원이다. 당연히 '두부' 관련 뉴비즈니스는 계속되리라 예측된다.

여성을 위한 두부 전문점

　여성 소비자만을 위한 두부 전문 프랜차이즈 회사인 '만다라하우스'를 통해 두부 테마 전문점의 미래를 예측해본다. 이 회사는 일본 도쿄를 중심으로 웰빙 두부를 테마로 100여 가지 아이템을 판매하는 프랜차이즈 회사다. 두부 스파게티, 두부 케이크, 두부 아이스크림, 두부 푸딩 등 콩과 두부를 이용해서 음식을 만든다. 이 회사를 창업한 CEO는 두부가 건강과 피부미용에 좋고, 저칼로리 음식이라는 점을 포인트로 우선 여성만을 고객층으로 두고 공략하면 충분히 승산이 있을 것으로 생각했다.

　두부 관련 시장의 성장률에 대한 확신을 갖고 두부 제조 업체를 인수해서 사업을 시작했다. 우리나라에도 현재 두부 전문점이 있지만, 여성만을 위한 전문점을 공략하면서 메뉴 개발에 집중한다면 새로운 시장이 열리리라 보인다.

남성을 위한 '남자다운' 두부

　두부는 건강에 좋고 저렴하게 구입할 수 있다는 선입관에 반기를 들고 기획, 제작된 두부 이야기다. 맛은 둘째치고 기획이 재미있다.

　'오토코마에(남자다운)' 두부를 출시한 CEO는 '싸다'라는 선입견과 네모난 용기에 담겨 팔린다는 선입견에 반기를 들었다. 가격은 일반 두부의 3~4배다. 캐릭터 그림이 그려진 포장지가 소비자로 하여금 호기심을 유발시킨다. 평범한 두부 시장을 단기간에 장악하고, 새로운 수요까지 창출해낸 남자 두부는 어떻게 해서 성공했을까?

　이 회사의 CEO는 선대 때부터 운영해온 전통적인 두부 제조 방식에서 벗어나 깊고 진한 맛을 내는 두부를 선보이기 위해 색다른 제조 방식을 찾아내 일반적인 두부의 당도(12brix)에 비해 훨씬 더 강한 당도의(17brix) 두부를 개발해낸다. 여기에 두부의 패키지 용기는 눈물 모양으로 만들어 변화를 준다. 또한, 두부의 수분이 천천히 빠지면 두부의 깊은 맛이 더 진해진다는 데 착안해 바닥을 이중으로 만들어 밑바닥에 수분이 고이도록 설계한다. 이것이 바로 2003년 3월에 출시한 '오토코마에 두부(男前豆腐 : 남자다운 두부)'다.

〈한자를 캐릭터화해 인기리에 판매되는 오토코마에 두부〉

출처 : otokomae.jp

거기에 '오토코마에 두부는 물방울이 떨어지는 좋은 두부'라는 카피를 만들어낸다. 글자 캐릭터를 응용해 '男'이라는 글자를 포장지에 큼지막하게 넣어 색다른 느낌을 제공한다.

앞의 2가지 사례를 통해 두부가 새로운 창업 아이템으로 손색이 없어 보인다는 것을 알 수 있다. 두 사례의 창업자는 상상력을 발휘해서 제조기법과 마케팅 접근 방식의 차별화를 통해 새로운 시장 개척에 성공했다. 또한, 사업의 곳곳에 유머가 배어 나온다.

이 2가지 사례를 벤치마킹해서 우리나라도 두부 관련 뉴비즈니스에 도전해보자! 단, 필자가 누누이 이야기했듯이 21세기 사업의 키워드, 테마와 유머를 사업에 녹여서 말이다.

5060 시니어 여성을 위한
잡지 발행 및 쇼핑몰 커머스

대한민국은 고령화 사회로의 진입 속도가 너무 빠르다. 전 세계에서 가장 빠른 속도로 초고령화 사회 진입이 진행되고 있다. 통계청에 따르면 65세 이상 고령인구는 2030년 1,306만 명, 2040년에는 1,725만 명으로 불어날 전망이다. 반면 15~64세 생산연령인구는 2023년 3,637만 명에서 2030년 3,381만 명, 2040년 2,852만 명으로 줄어든다고 하니 큰일이 아닐 수 없다.

그렇다면 100세 시대를 살아가는 시니어들은 앞으로 어떤 일을 해야 하고, 남는 시간을 어떻게 알차게 보낼 수 있을까 궁금해진다. 새로운 비즈니스가 탄생해야 할 타이밍이다. 디지털 방식이 아니라 아날로그 방식으로 시니어의 건전한 라이프 스타일에 대한 정보를 다달이 전달해줄 매체 사업은 어떨까.

우리보다 먼저 고령화 사회로 진입한 일본에서 이런 빈틈을 노린 사업을 시작했다. 일본에서 서점 판매 일절 없이 정기 구독만으로 월 평균 20만 부 이상의 판매 부수를 올리고 있는 바로 여성 시니어층을 겨냥한 정보 월간지 〈하루메쿠(halmek)〉다.

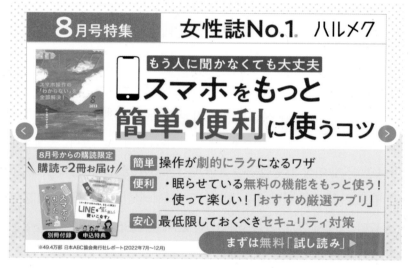

〈일본 시니어 여성을 위한 잡지 '하루메쿠'〉

출처 : www.halmek.co.jp/

50세 이상 시니어 여성층을 공략한 라이프 스타일 정보 잡지인 〈하루메쿠〉의 1년 정기구독료는 6,960엔으로 평균 독자 연령은 65세다. '하루메쿠'는 '봄다워지다'라는 의미를 지닌 희망적인 단어다.

이 잡지의 주요 콘텐츠는 60세 이상의 여성이 겪게 되는 많은 고민과 불안을 이야기하고 그에 대한 솔루션을 제안한다. 예를 들어, 배우자 사망 후 유족연금을 산출하는 방법, 손자와 소통을 위한 스마트폰의 유효 적절한 사용 방법, 나이는 들어가지만 좀 더 젊게 보이고 싶은 고민을 해결해주는 미용법 등 다양한 주제로 눈높이 콘텐츠를 제공한다. 당연히 60대 이상 여성층으로부터 절대적인 지지를 받으면서 이 잡지 비즈니스는 성장하고 있다.

이 정보용 잡지는 20~50대로 구성된 10여 명의 편집진들에 의해 만들어진다. 이들의 주 역할은 매주 독자가 선물 증정용 엽서에 적어 보내온 사연을 철저하게 읽고, 해당 고민 내용에 대한 솔루션을 연구하는 일이다. 그런 다음, 다음 달에 기사화될 주제에 대해 2,000여 명의 독자 모니터에게 사전질의를 해서 베타 테스트를 한다. 주제와 솔루션에 대한 의견을 청취함으로써 좀 더 질 높은 콘텐츠를 구성하기 위해 노력한다.

이 정보 잡지의 여성 편집장의 목표는 간단하다. 기존 젊은 층을 상대로 하는 여성잡지에서 늘 보았던 비현실적인 꿈과 환상을 제안하기보다는 철저히 주 고객들의 일상생활 속 시선에 머무는 것이다. 주 고객층의 눈높이에 제대로 맞춘 콘텐츠가 그들의 경쟁력이라는 생각이 든다. 충성고객층이 늘어나면서 신규고객을 소개해주는 긍정적인 효과까지 보이고 있다.

그런데 이 여성 시니어를 위한 정보 잡지 사업의 또 다른 핵심은 바로 커머스에 있다는 점을 간과해서는 안 된다. 잡지 판매보다 커머스를 통한 수익이 훨씬 더 많다. 이 잡지 회사 매출의 약 80% 이상이 카탈로그나 인터넷, 모바일 커머스에서 나온다. 이 회사는 매월 구독자에게 잡지를 송부한다. 그런데 잡지만 송부하는 게 아니라 5060 여성 시니어에게 적합한 다양한 상품을 실은 카탈로그를 별도로 보내준다.

독자들은 이 회사가 자체적으로 운영하는 인터넷 쇼핑몰을 통해 원하는 상품을 쉽게 주문할 수 있도록 시스템을 구축한 것이다. 여기에 게재된 상품들의 약 70%가 이 회사가 직접 개발한 오리지널 PB상품이라고 하니 이익률이 상당하리라 예측된다. 제조 업체에 자신들이 원하는 PB상품을 직접 제조하게 하니 당연히 소비자가격도 낮출 것이고, 순이익도 상당하게 만든 일석이조의 커머스 시스템을 구축했다. 이 회사는 제품 판매에서 얻은 이익을 다시 잡지 제작에 재투자하는 수익 모델을 구축함으로써 시니어 잡지 사업을 성공적으로 운영하고 있다.

우리나라에서 유명한 트로트 가요가 하나 있다. 바로 〈내 나이가 어때서〉다. 노랫말처럼 자신감 있게 살고 싶은 시니어가 늘어나고 있지만, 현실은 녹록지 않다. 우선 몸 상태부터 예전 같지 않다. 몸이 점점 노화 현상을 보이기 시작하면서 마음도 의기소침해진다. 이런 현실 때문에 시니어층들의 사회 참여가 점점 줄어든다. 이런 사회 현상을 잘 이해해서 이를 극복할 수 있는 정보를 제공하고, 나아가 오프라인 동호회 모임 등을 주최해주는 콘텐츠 회사가 필요한 시점이다.

일본뿐만 아니라 프랑스에서도 시니어를 타깃으로 하는 비즈니스가 속속 탄생하고 있다. 파리 시내를 걷다 보면 시니어 모델들을 내세운 길거리 광고들을 쉽게 만날 수 있게 된다. 스타일리시한 패션을 뽐내며 우아하게 나이 든 시니어 모델이 해당 광고의 주인공이다.

프랑스의 뷰티·패션 산업에서도 시니어에 맞춘 특화된 상품들이 제작·판매되고 있다. 매년 프랑스신발협회(La Federation Francaise de la Chaussure, FFC)는 시니어를 위한 우수 신발 메이커 10개를 지정해서 발표하는 등 시니어를 향한 산업이 계속 발전 중이다. 프랑스 전체 e커머스 이용자의 40% 이상이 시니어라고 한다. 시니어를 위한 비즈니스는 나라를 불문하고 점점 커지고 있음을 알 수 있다.

평균 수명이 늘어나면서 은퇴 후 건강, 수입, 가족 등 현실적인 문제를 고민해야 하는 시니어층, 특히 여성층을 위한 정보 잡지를 구독형 비즈니스로 만들어보자. 서점 혹은 가판대를 통한 판매가 아니라 회원 집에 직접 배달이 가능하도록 배달 시스템을 구축하자. 그리고 회원들만을 위한 PB 상품 중심의 커머스 쇼핑몰을 구축해보자. 종이로 된 카탈로그도 제작해야 하므로 전체 사업의 그림을 그릴 때, 온라인과 오프라인을 모두 아우르는 비즈니스 모델을 구축해야 할 것이다.

4050 독서클럽

    누구나 나이가 되면 퇴직을 강요당한다. 내 사업체가 아닌 이상 언젠가는 젊음을 바쳤던 직장에서 자의든지, 타의든지 나가야 한다. 그렇다면 은퇴를 앞둔 시니어들은 좀 더 현명한 삶을 살기 위해 철저하게 준비를 해야 한다. 퇴직 후 새 일거리를 찾은 베이비부머 이야기를 책으로 출간하는 사람도 있고, 호텔리어로 직장생활을 끝내고 와인바 사장님으로 변신한 사람도 있으며, 대기업 대표이사를 지낸 후 대학교에 재입학해서 상담 관련 학위를 따서 청소년 상담사로 제2의 인생을 사는 사람도 있고, 평생 도시에서 회사원으로 살다가 농사를 배워 친환경 농업 강사로 변신한 사람도 있다. 이처럼 제2의 인생을 살아가는 모습도 정말 제각각이다.

    그렇지만 제2의 인생 변신에 성공한 사람들의 공통된 내용은 한결 같다. 제2의 인생에서 성공하려면 적어도 하루 1시간씩 10년 동안은 공부해야 한다는 점이다. 취미를 넘어서 주업으로 자리 잡으려면 하루 1시간 이상을 집중적으로 파고들어야 한다. 즉, 은퇴 전부터 은퇴를 대비해서 새로운 도전을 시작해야만 한다는 의미다.

분당이나 일산 등 신도시 공터에 비슷한 나이대의 사람들이 모여서 운동을 한다. 이렇게 모여 함께 운동하던 이들은 예전에는 서로 전혀 모르던 사이였다. 요즘 20~30대는 비슷한 생각을 가진 다른 이들과의 사회적 관계를 맺는 것에 대한 니즈가 크기 때문에 다른 이와 함께 운동하고 싶은 사람들을 불러 모은 결과다. 이것이 신세대 감각의 뉴비즈니스다. 같은 생각을 가진 회원들을 모아 함께하도록 해주는 비즈니스 모델이다. 이런 비즈니스 모델로 5,000여 명의 유료 회원을 모은 스타트업도 있다.

마찬가지로 제2의 인생을 제대로 준비하고자 하는 4050 중에서 유료 회원을 모아 독서모임을 만드는 비즈니스 모델을 만들어보자. 온라인과 오프라인 모임을 통해 혼자가 아닌 '따로 똑같이'를 실천하는 장(場)만 마련해주면 된다. 유료로 해야 하는 이유는 간단하다. 무료로 독서모임을 진행한 사례 중에서 성공한 사례가 거의 없기 때문이다. 더 많은 정보를 얻어가고자 하는 목표를 세울 수 있도록 도움을 주려면 적은 돈이라도 반드시 유료 회원제를 통한 독서모임이 중요하다. 당연히 온라인과 오프라인을 동시에 진행해야 한다.

이런 독서모임으로 성공한 사례를 들어본다. 독서모임 기반 커뮤니티 서비스인 '트레바리'다. 이 독서모임은 2015년 9월, 첫 시즌을 시작한 이래 꾸준히 주목받고 있다. 이 독서모임은 4개월 단위 시즌제로 운영되는데, 한 달에 한 번 토론장소에 모여 책을 읽는다. 참가자는 자신이 관심 있는 분야의 독서방에 가서 모임에 참석한다. 한 분야별로 10~20명이 모이게 되는 방식으로, 방장은 해당 분야의 고수 전문가에게 일임한다.

필자의 경우, 워낙 책 읽는 것을 좋아하다 보니 상당한 독서량을 달성하면서 다독과 정독 2가지를 모두 실천한 경험을 가지고 있다. 이런 경험을 통해서 알게 된 사실은 혼자 읽어서 얻는 정보보다는 여럿이 같은 책을 읽고 토론하면 더 많은 지혜를 얻을 수 있다는 것이다. 단, 독서모임의 리더는 해당 분야에서 상당한 내공을 지닌 사람이어야 한다는 전제조건이 필요하다.

은퇴를 미리 준비하는 4050을 위한 독서클럽 비즈니스 모델은 상당히 현실적이라는 생각이 든다. 우선 분야를 하나 혹은 두 개를 정해서 진행해도 무방해 보인다. 또한, 정해진 분야에서 적어도 3~5년은 진행해야 어느 정도 숙성된 모임으로 발전하리라 예상된다. 이 프로그램은 온라인과 오프라인 모임을 병행해서 진행하는 것을 원칙으로 한다. 또한, 새로운 유료 회원들이 새 주제로 독서모임을 원한다면 당연히 주제를 늘려나가는 방법을 취해도 된다.

주식의 대부이자 최고의 투자 수익률을 자랑하는 워런 버핏(Warren

Buffett)은 "독서를 이기는 것은 없다"라고 말했다. 이기는 인생을 위해 독서를 통해 제2의 인생을 준비해야 하는 4050. 교양을 위한 독서라기보다는 풍성한 제2의 인생을 위한 독서이기 때문에 다분히 실용적인 접근이 필요해 보인다.

독서클럽 비즈니스의 제2단계 목표는 책 쓰기다

수업 중에 읽은 책을 요약하는 습관을 들이도록 독서노트를 반드시 진행하자. 독서노트를 적는 습관은 향후 자신만의 책을 저술하는 데 상당한 밑거름이 될 것임이 틀림없다. 독서클럽의 최종 목표는 유료 회원 각자 자신만의 책을 저술할 수 있도록 도움을 주는 것이라 생각된다. 이를 위해 유명한 책 저자들을 독서클럽에 초빙해서 강의도 듣고, 저자와의 유대관계를 맺을 수 있도록 장(場)을 마련해주는 것도 좋다.

4050 독서클럽이 어느 정도 진행된 후에는 6070 독서클럽 준비를 해보자

네덜란드 및 북유럽 여러 나라의 은퇴한 시니어들은 매주 2회 정도의 독서모임을 갖는 것이 일상 생활화되었다는 기사를 어느 신문에서 본 기억이 있다. 이분들은 한 달에 한두 차례 동년배 친구들과 함께 건축 기행을 가기도 하고, 미술관 여행을 가기도 한다. 네덜란드뿐만 아니라 유럽 주요 지역의 역사적인 건축물을 답사하거나 유명 박물관이나 미술관에 가 현장에서 책으로 읽은 내용을 다시 복기한다는 이야기다. 은퇴한 시니어를 위한 지역 커뮤니티 프로그램은 선진국으로 갈수록 상당히 잘 갖춰져 있음을 알게 된다.

누구나 은퇴를 하게 된다. 은퇴에 앞서서 더 나은 제2의 인생 준비에서 독서만큼 훌륭한 대안이 없어 보인다. 같은 방향을 바라보는 사람들끼리 모여서 서로를 격려해주고, 축복해주며, 새로운 정보를 나누는 과정을 제공해주는 비즈니스를 누가 싫다 하겠는가!

은퇴를 앞두고 촉박하게 취업 준비를 하기보다 취미나 적성을 발전시킬 방법을 미리 찾는 4050 중에서 깨어 있는 회원들을 모집하면 된다. 처음에는 입소문으로 회원들이 모이리라 본다. 고객이 붐비지 않는 시간대에 무료로 호텔을 빌려주는 곳도 있으니 잘 살펴보기 바란다.

머니 트렌드
투어 여행사

패키지 여행이 계속 진화하고 있다. 사실 현재 진행되는 거의 대부분의 여행 관련 상품은 어느 도시의 역사나 문화에 치중하고 있다. 그럼 반대로 선진국 도시의 유통 트렌드, 신제품 아이디어 발굴 등을 알려주는 여행 상품을 개발해보는 것은 어떨까.

이것은 신제품을 개발하고자 하는 창업 희망자 혹은 신사업을 기획하는 대기업 및 중견기업의 신사업 담당자, 나아가 제2의 사업을 추진 중인 의사나 약사 등의 전문직에게 새로운 비즈니스 정보를 찾을 수 있도록 도움을 주는 투어를 운영하는 여행사 비즈니스다.

1989년, 대한민국 여행 자유화 원년부터 해외 여행을 매년 혹은 주기적으로 나가 새로운 신문물, 신제품, 뉴비즈니스, 히트 예감 상품 등의 정보를 탐색해서 자신의 비즈니스로 만든 창업자 사례가 많다.

해외 마켓을 돌아다니다 보면 예상치 못한 신문물 혹은 지역 특산물 등을 발견하게 된다. 대부분의 여행객에게는 그냥 스쳐 지나가는 제품일 수 있겠지만, 사업가의 눈에는 상당한 사업 기회로 변신할 수도 있다. 그래서 이런 사업적 인사이트를 주는 비즈니스 투어를 기획해주는 여행사 비즈니스는 앞으로 발전 가능성이 커 보인다.

어느 회사가 신상품, 신사업을 하지 않고 지속 가능한 경영을 할 수 있겠는가! 당연히 거의 모든 대기업 및 중견기업에는 신사업을 관장하는 부서가 있다. 이런 시장의 니즈를 찾아내서 기업체 회원들에게 새로운 여행 상품을 알리고 모객하는 업무를 진행하게 된다.

세계는 지속적인 금리 인상 등으로 인해 장기적인 불황이 지속되고 있다. 거의 모든 기업이 자신만의 사업 아이템을 찾고자 하는 것은 당연하다. 즉, 돈 버는 트렌드를 알고자 하는 시장의 수요가 상당히 크다. 세상의 흐름을 제대로 모르면 기업이 유명을 달리하는 세상이다. 우리가 메가 트렌드와 마이크로 트렌드 등을 열심히 공부하는 이유는 단 한 가지, 기업의 지속적인 발전과 경영을 위해서다. 조금의 방심도 허용되지 않는 무한경쟁 시대에 우리의 사업은 진행된다.

지속 가능한 경영을 위해서 해당 분야 전문가와 함께 트렌드를 찾아 떠나는 투어는 피할 수 없는 과제다. 예를 들어 우리나라의 경우 현재는 편의점 도시락이 대세가 되었지만, 10여 년 전에는 일본 편의점

도시락이 트렌드였던 시절이 있었다. 만약 그 당시 일본의 도시락 트렌드를 알기 위해 미리 일본 편의점 도시락 트렌드 투어를 다녀왔다면 누구보다 먼저 부를 창조해낼 수 있었을 것이다. 지금이라도 늦지 않았다. 새로운 트렌드를 알기 위한 해외 선진국 트렌드 투어를 진행하는 비즈니스가 탄생할 것이니 걱정하지 않아도 되겠다.

우리보다 앞선 신경제 및 트렌드를 가진 선진 도시에서 뭔가를 찾아야 한다. '트렌드 투어'를 기획하고 집행하는 비즈니스는 여행 기획과 진행을 맡을 해당 분야의 전문가 풀(pool)을 제대로 갖추느냐의 싸움이다. 아는 것과 가르치는 것은 다르다. 마찬가지로 트렌드를 아는 것과 해석하는 것은 다르다. 우리와 다른 트렌드를 발견했다고 하더라도 제대로 해석해줄 능력이 없는 진행자를 만나서는 안 된다.

트렌드 투어의 핵심은 재미 속에서 정보를 찾아내는 보물찾기와 같은 개념으로 진행되어야 한다. 선진 도시에 가서 하기 싫은 공부를 하는 것이 아니라 재미난 일정 속에서 귀한 정보를 캐내는 보물찾기 놀이처럼 프로그램을 기획해야 한다는 점을 기억하자.

예를 들어, 덴마크 코펜하겐에 가서 트렌드 투어를 하게 된다면, 반드시 자전거를 타고 도시 한 바퀴를 도는 일정을 만들어보자. 전 세계 최고의 자전거 친화도시로 꼽히는 코펜하겐은 서울 강남구, 서초구만한 도시 면적이기에 자전거 타기에 아주 적합하다. 그리고 자전거 전용도로가 375km에 달하기 때문에 더더욱 편안한 자전거 투어가 가능하다.

또한, 쓰레기 소각장 기능을 유지한 채 옥상에 만든 500m 길이의 스키 슬로프와 달리기 트랙, 암벽 등반장을 갖춘 혁신적인 건물을 보면 깜짝 놀랄지도 모르겠다. 코펜하겐의 여기저기를 보면서 덴마크 사람들이 일과 삶을 어떻게 균형을 맞춰 살아가는지 알아보자. 유엔 행복 보고서 세계 1위 국가인 덴마크는 어떤 라이프 트렌드를 가지고 살아가고 있는지 알아보는 투어로 만들면 된다.

머니 트렌트 투어 비즈니스의 업무 프로세스를 보면 다음과 같다.

1. 신상품의 연간 일정을 확정한다.
2. 신상품을 당사 및 여러 여행사가 공동으로 모객 활동을 한다.
3. 모집 기간 동안 여러 매체를 통해 상품을 알리고 모집한다.
4. 사업설명회를 개최함으로써 많은 사람에게 알리는 기회를 제공한다.
5. 모집 인원과 사전 미팅을 통해 여행의 성격과 각자 미션을 할당한다.
6. 해당 도시로 돈 버는 트렌드 투어를 떠난다.
7. 여행 중 혹은 여행 후, 여행 콘텐츠를 구성원 각자가 SNS를 통해 올린다.
8. 귀국 후, 여행 참가자들의 여행 후 문의 사항을 컨설팅한다.
9. 여행 참가자 DB와 인적 네트워크를 만들어 지속적으로 관리한다.
10. 경제신문, 경제주간지 혹은 단행본을 발간해서 여행 콘텐츠

를 공유한다.

11. 해당 콘텐츠를 알게 된 또 다른 예비회원들의 DB를 구축한다.

자, 이제 준비되었는가?

새로운 선진도시의 트렌드를 마치 보물 찾듯이 한번 떠날 준비를 해보자!

비즈니스 여행 작가
양성소

여행을 좋아하는 사람 중 작가로 변신을 원한다면, '여행 작가' 프로그램에 등록해서 공부하면 된다. 이 프로그램은 아날로그 중심의 여행 작가 프로그램과 여행유튜버를 위한 모바일 중심의 여행 작가 프로그램으로 분류될 수 있다. 그냥 문학 작가를 위한 작가 양성 프로그램이 아닌 여행 중심이다 보니 프로그램에 재미와 흥미를 더할 수 있다.

작가 양성의 기본이라고 할 수 있는 글쓰기 연습뿐만 아니라 SNS와 친해지기, 스마트폰으로 촬영하기, 또는 '고프로'를 이용한 촬영하기 등 디지털 콘텐츠를 활용해서 프로그램을 만들기도 한다. 짧지만 흥미를 유발할 수 있는 문장 만들기는 상당한 내공이 필요하다. 쉽고, 짧고, 명확하고, 인상적인 문장을 만드는 것이 핵심이기 때문에 글에 생명력을 불어넣는 일이 쉽지만은 않다.

기존 여행 작가 양성 프로그램보다 좀 더 한 분야에 집중하길 바라는 마음에서 탄생한 비즈니스가 바로 '비즈니스 여행 작가' 양성 프로젝트다. 여행을 좋아하는 사람 + 글쓰기를 좋아하는 사람 + 호기심이 넘치는 사람이라면 비즈니스 여행 작가 과정의 회원이 될 자격이 있다. 자신만의 비즈니스 여행 관련 책을 써서 책을 발행하는 업무까지 진행되는 것을 목표로 한다.

해외 여행을 하는 것이 우리 윗세대보다는 한결 수월해졌다. 마음만 먹으면 훌쩍 부산 가듯이 짐을 싸고 바로 떠날 수 있는 세상이 되었다. 혼자 혹은 마음 맞는 친구와 둘이서 훌쩍 떠날 수 있다. 스마트폰 하나만 있으면 언제든지 여행 작가로 변신이 가능한 세상이다.

여행 관련 통계 수치를 보니 패키지 여행과 자유 여행의 비율이 3대 7이라고 한다. 그만큼 자유 여행을 원하는 소비자들이 많다는 의미다. 이렇게 자유 여행을 선호하게 된 데는 여행사의 바가지요금과 비천한 여행 상품이 한몫한다. 현지에 가서 당하게 되는 무리한 팁 요구와 옵션 추가, 쇼핑 강요 등은 여행객들에게 불만을 불러일으키는 요소다.

이제는 스마트 여행 시대다. 여행을 떠나기 전에 페이스북이나 혹은 트위터에 여행지와 날짜를 올리고, 도움 되는 정보를 원한다고 하면 많은 댓글이 달리면서 정보와 사진을 누군가가 알려줄 것이다. 너무 많은 현지 정보 때문에 거꾸로 정보 탐색에 힘이 들지도 모른다.

또한, 스마트폰에 다운받은 앱을 이용해서 여행지에서 편안하고 안전하게 원하는 장소에 가서 원하는 사물과 실시간으로 접할 수 있는 세상이다. 하루를 마감하면서 고국에 있는 페이스북 친구에게 감사의 글과 사진을 바로 올릴 수도 있다.

하지만 이런 누구나 할 수 있는 해외 여행은 이제 조금 식상하다. 미리 주제를 정해서 각자의 역할을 분담하고 떠나는 여행이 더 재미있어 보인다.

커피전문점에 관심이 많다면 커피전문점만을 여행하는 투어를 기획해 함께할 수 있는 친구들을 모두 모아 각자에게 임무를 부여하고, 사전 기획을 철저히 해서 여행 후 책으로 여행의 결과물을 만들어낸다면, 비즈니스 여행 작가로 등극할 수도 있을 것이다. 여행 이외에 부수입도 생기고, 나만의 평판을 쌓을 수도 있으며, 향후 입사를 할 때 스펙으로 사용할 수 있다. 여행 관련이라기보다는 현지 경제 상황과 유통상황을 정리한 트렌드 관련 서적이 될 수도 있겠다.

만약 MZ세대를 타깃으로 한다면 젊은 친구들끼리 가는 여행이기 때문에 최고급 리조트 대신 에어비앤비, 홈스테이나 유스호스텔을 이용해 현지 전통 시장을 다니고, 현지인들과 어울리는 목적 여행을 추구해보자.

지금과 같은 글로벌 경제 위기 속에서 불황을 극복하는 업체나 남다른 서비스를 보여주는 스토어 등을 찾아내는 여행이라니 생각만 해도 기분이 좋아지지 않는가.

만일 베이비부머를 타깃으로 한다면 다가올 시니어 시장을 주제로 조사하고, 책도 쓸 수 있다면 좋겠다. 전 세계 베이비부머들이 어떤 삶을 살고 있는지 궁금해하는 사람들에게 아주 좋은 정보가 될 것임이 틀림없다. 아니면 젊은이들이 절대로 알 수 없는 50대만이 알 수 있는 '내려놓는 여행' 혹은 '천천히 세상을 보는 여행'을 주제로 삼은 슬로 투어에 관한 내용도 좋겠다. 지금까지 치열하게 살아왔던 과거를 내려놓고, 아내와 제2의 인생을 어떻게 살 것인지에 관한 고민을 글로 알려주는 여행 고수의 일기가 궁금해지기도 한다.

국내 혹은 해외 여행을 다녀온 후에 기억에 남는 일을 정리해서 SNS에 올리는 것은 어떨까. 그냥 여행 후기가 아닌, 돈 버는 정보, 선진국의 돈이 어디로 흐르는지를 추천하는 머니 트렌드 투어에 관한 이야기를 펼쳐보았으면 좋겠다.

"나는 이렇게 사업 아이템을 찾았다"든지 "외국 유명 도시의 유명 스토어에서 나는 이런 시스템을 발견했다"든지 말이다. 그 정도 수준이 되어야 서점에서도 책을 진열해주지 않겠는가!

그냥 '여행 작가'가 아닌 특별한 '비즈니스 여행 작가'로 등극할 수 있도록 도움을 주는 사업이 바로 비즈니스 여행 작가 양성 프로젝트다.

[비즈니스 여행 작가 과정 예상안]

1. 강의 일정 : 6주 코스 워크

2. 일정 : 매주 목요일 저녁 7시~ 9시

3. 교육 목적과 특징

(1) 단순히 트렌드를 습득하는 것을 넘어서 트렌드 본질에 대한 이해를 바탕으로 스스로 트렌드를 개발, 파악할 수 있도록 하는 능력을 개발한다.

(2) 변화하는 트렌드 및 시장의 흐름을 앞서 나갈 수 있는 인사이트 개발을 통해 나만의 비즈니스를 찾아낼 수 있는 능력을 키운다.

(3) 트렌드 써칭(Trend Searching) 과정에 그치는 것이 아니라, 나아가 트렌드를 스스로 창조해갈 수 있는 능력을 갖추도록 한다.

(4) 정확한 정보 전달을 위한 글 쓰는 방법과 문장 만들기 등의 능력을 키운다.

4. 주요 교육 내용

창의적 마케팅과 트렌드, 대한민국 유통 트렌드, 해외 주요 도시의 트렌드 사례연구, 리포터로서의 작문법, 트렌드 조사 방법, 트렌드 해석 방법, 도심에서 트렌드 찾기 등

5. 교육 이수 후 5대 혜택

(1) 향후 콘텐츠 프로바이더(Contents Provider)로 자리매김을 하고자 하는 분으로서 분석력이 예리할 경우, 경제 주간지 혹은 온라인 경제지에 본인 이름으로 칼럼 게재가 가능하도록 시스템을 구축한다.

(2) 트렌드 리포터 과정 이수자 중 우수자는 트렌드 리포터로 정식 활동이 가능하도록 한다.

(3) 트렌드, 마케팅, 유통, 신상품 등에 관심이 많은 피어 그룹(Peer Group) 오프 모임을 주선한다.

(4) 경영, 트렌드, 마케팅 관련 서적, 저자로서의 기회를 제공한다.

(5) 시장 조사 연구에 투입 희망 시 조사 연구원의 기회를 제공한다.

여성에 의한 여성들만을 위한 동네 카센터

자가용을 수리하기 위해 동네 카센터에 방문한 대부분의 여성 고객들은 한 번쯤 경험이 있을 것이다. '차에 대해서 잘 알지 못하는 고객', 또는 '차의 구조 및 용어조차 모르는 고객'으로 치부되는 경우를 말이다.

대한민국 동네 카센터에 가보면, 그곳에서 일하는 분들은 대부분 남성들이다. 그래서 그런지 여성 운전자들은 차에 대해 거의 모른다는 선입견과 편견을 지닌 듯하다. 차의 구조 및 수리에 대해서는 배운 경험이 없기 때문에 동네 카센터에 가면 그곳에서 일하는 분들의 말을 믿을 수밖에 없는 경우도 다반사다. 여성 운전자가 늘고 있지만, 차량 관리에 많은 어려움을 겪는 여성들의 현실을 비즈니스로 연결해보자.

아직도 차량 정비 영역은 여전히 남성 중심으로 흘러가고 있는 듯하다. 여성들은 정비업체에서 진행되는 거의 모든 서비스가 남성 중심적이며, 필요한 서비스 내용을 일부러 어려운 단어를 채택해서 전달하는 듯한 권위적인 느낌을 받게 된다. 더군다나 동네 카센터는 차를 수리하는 동안 딱히 쉴 공간이 없어 보이는 딱딱한 이미지로 남아 있다.

필자가 계속 이야기해왔듯이 필요가 있는 곳에 새로운 비즈니스가 탄생하게 된다. 이러한 불편한 틈새를 노린 창업 아이템이 바로 '여성을 위한 카페형 카센터' 비즈니스다. 우리나라를 비롯해 거의 전 세계 카센터에서 전개되는 남성 중심형 자동차 수선 관련 서비스의 페인 포인트(pain point : 아픈 현실)를 치료해줄 소비자 중심의 서비스가 탄생해야 할 때다.

기존 카센터의 기술중심형 경영으로 인해 서비스도 놓치고, 경영도 놓치는 현상에 대한 솔루션이 필요하다. 이를 획기적으로 개선해 여성 고객도 쉽게 이해할 수 있도록 자동차 수리 서비스의 용어부터 전면적으로 수정해야 할 것이고, 친절한 대면 서비스는 물론, 자동차 수리 시간 동안 편안히 쉴 수 있도록 카페형 분위기의 시설과 서비스를 마련해야 할 것이다. 나아가 그곳에서 비즈니스 업무도 처리할 수 있도록 비즈니스 센터 개념의 휴게공간을 마련하는 것이 이 사업의 포인트다.

여성 중심형 카센터 비즈니스를 위해 기존 사업의 경영 매뉴얼을 전면적으로 교체해야 할 것이고, 이를 수행할 전문가도 되도록 여성으로 선발하는 등 전체적으로 내외부 환경의 변화를 가져와야 할 것이다. 동시에 여성 취향의 내부 인테리어와 분위기, 서비스를 제공하는 방식으로 기존 남성 중심의 카센터와 확연한 차별화를 시도해야만 사업 초창기의 위기를 극복할 수 있을 것이다.

여성 자동차 운전자들의 슬픈 현실을 직시하고 바로 창업에 나서서 성공적으로 경영 중인 회사가 있다. 바로 미국에서 여성 고객 중심의 카센터 사업을 전개 중인 '걸스 오토 클리닉(girlsautoclinic)이다. 이 회사의 창업 스토리는 간단하다. 자동차 카센터에서 여성 직원을 발견하지 못해 자신이 직접 여성을 위한 자동차 수리점을 차린 것이다. 그렇게 여성들에게 편리함과 친절을 전달하며 사업을 성공시키게 된 여성 사장은 지역 신문에 기사화되기도 했다.

〈자동차 수리점에서 여성 직원을 발견하지 못해 자신이 직접 여성을 위한 자동차 수리점을 차렸다는 업체 사장〉

출처 : www.girlsautoclinic.com/

마찬가지로 국내에서도 여성 중심형 카센터가 제대로 운영된다면 이를 프랜차이즈화할 수 있을 것이고, 나아가 해외에도 진출이 가능해 보인다. 앞에서 이야기했듯이 거의 모든 나라의 카센터가 아직도 남성 중심이고, 권위적이며, 알아듣지도 못하는 자동차 수리 관련 어려운 용어를 사용하면서 종종 여성 운전자들에게 필요 없는 서비스까지 강요하는 것이 현실이기 때문이다.

가격 정찰제를 하고 앱(app)을 통해 실시간으로 의뢰인의 자동차를 수선하는 과정을 확인할 수 있도록 시스템을 갖추도록 한다. 여기에 해피콜 서비스와 여성 고객이 편안하게 쉴 수 있도록 카페형 분위기의 휴게센터를 준비하는 것이다. 휴게센터에는 원두커피 서비스는 물론, 최고급 안마 의자와 업무를 진행할 수 있도록 노트북 컴퓨터 서비스와 휴대폰 충전시설을 두자. 모바일 워크, 리모트 워크가 가능하도록 비즈니스 센터형 휴게센터를 준비해놓으면 좋을 것이다.

사업 초기부터 가능하면 자동차 수리 업무에 투입할 인원으로 숙련된 기술을 갖춘 여성을 선발하면 좋겠다. 작업장 분위기는 항상 깔끔하게 유지하도록 매뉴얼을 미리 작성해놓아야 할 것이다. 여성의, 여성들을 위한, 여성들에 의한 카센터를 경영 캐치프레이즈로 해서 여성 자동차 운전자들로부터 입소문이 나도록 최대한의 SNS 마케팅도 준비해야 할 것이다. 숏츠를 비롯한 동영상 마케팅, 그리고 유튜브 등의 동영상 마케팅을 통해 브랜드 파워를 키워나가는 전략도 필요해 보인다. 이런 새로운 비즈니스를 통해 그간 자동차를 잘 모르는 일반 여성들에게 동네 카센터를 내 자동차를 믿고 맡길 수 있는 안심존(zone)으로 탈바꿈시켜야 한다.

경영자뿐만 아니라 직원들 대다수를 여성으로 선발해서 되도록 여성 고객만을 위한 세심한 서비스를 시행한다면 사업성이 상당히 높아 보인다. 자동차 진단에서부터 정비와 수리, 교육, 출고에 이르기까지 모든 과정을 앱으로 미리 자세히 설명해주는 비포(Before) 서비스와 여성 운전자들의 오감을 사로잡을 수 있도록 깨끗한 환경을 유지하기 위해 노력해야 한다. 이렇게 되려면 카센터에만 가면 맡게 되는 기름 냄새 대신 샤넬 넘버5의 향수 냄새가 나는 고급 휴식 공간으로의 탈바꿈이 필요해 보인다. 그야말로 전 세계 커피숍 비즈니스를 평정한 '스타벅스' 비즈니스 모델을 카센터에 도입해보는 것이다. 이제 이해되는가?

'스타벅스'가 만든 새로운 개념인 '제3의 공간'이라는 비즈니스 모델을 동네 카센터 비즈니스에 도입해보자. 지금까지 모든 자동차 운전자들이 가지고 있는 동네 카센터에 대한 개념을 완전히 수정할 수 있도록 강력한 비즈니스 모델을 만들기 바란다.

휴대가 간편한
일회용 와인 병 서비스

와인 수입액의 변화만 봐도 우리나라의 와인 사랑은 상당하다. 국내 와인 수입액은 2007년 처음 1억 달러를 돌파한 후 계속 상승세다. 물론 2009년 유럽발 세계 금융위기 시절에 잠시 주춤했지만, 이내 회복해서 계속 상승곡선을 만들어냈다. 관세청 수출입무역통계에 따르면, 국내 와인 수입량은 2016년 27톤에서 2021년 77톤으로 약 3배가량 늘었다. 이를 금액으로 전환하면 한화로 2,517억 원에서 7,380억 원로 늘어난 것이다. 그야말로 국내 와인 사랑은 국내외 환경 변화에 따라 지속적으로 발전 중이다.

이렇듯 와인 소비가 탄탄한 이유는 수입국의 다양화 때문이다. 한-칠레 FTA 이후 와인 수입국의 다변화로 인해 프랑스, 이탈리아와 스페인으로 다양해졌고, 미국과 칠레 중심에서 최근 뉴질랜드와 호주 등으로 넓어졌다. 이는 국내 여행객들이 유명 와인이 많이 재배되는 유럽 등 여러 나라를 여행하면서 마신 와인 맛을 잊지 못하고, 국내에 돌아와 해당 국가의 와인을 선택하게 되었기 때문이다.

이제는 나이, 성별과 관계없이 부담 없이 구입해서 와인을 마시는 것이 일상화되었다. 예전에는 유명하다고 소문난 와인만 마셨다면 지금은 일단 마셔보고 자기 입맛에 맞으면 좋은 와인으로 평가하는 시대가 되었다. 사람들은 이제 SNS를 통해 알게 된 와인 브랜드를 찾게 되었다. 또한, 생활 수준의 향상과 술에 대한 기본 개념의 변화와 와인이 몸에도 좋다는 이야기 때문에 와인의 인기는 꾸준히 상승 중이다.

우리나라에서 최고의 매출을 일으킨 와인 사례를 살펴보면, 와인 비즈니스의 다양함과 성장성을 알게 된다. 아마 2030 여성이라면 '까시에로 델 디아블로(Casillero del Diablo)'라는 브랜드를 알지 모르겠다. '악마의 와인 창고'라는 스토리텔링으로 유명해진 칠레에서 수입한 와인 브랜드다. 해당 브랜드는 국내 편의점을 통해 1만 원대의 저렴한 가격을 앞세워 2030 젊은 소비층을 공략해서 대성공을 이루었다. 약 7년 전 국내에 상륙 후 지금까지 약 350만 병을 팔았다고 한다. 대단하지 않은가!

이제 와인에 대한 기존 관념과 편견을 바꿀 시간이다. 즉, 와인은 한 병을 구입해서 여럿이 나누어 먹는 음식이라는 생각에서 벗어나야 할 것이다. 맥주 한 캔을 언제 어디서든지 마시듯, 휴대가 간편한 일회성 와인 시장에 대한 새로운 시도가 필요해 보인다.

〈'악마의 와인 창고'라는 스토리텔링으로 유명세를 떨치고 있는 디아블로 와인〉

출처 : www.casillerodeldiablo.com/

　소량의 와인을 식사와 함께할 수 있다는 이야기다. 특히 우리나라
음식은 대부분 숙성된 음식들이 많기 때문에 와인과 곁들이기에 안성
맞춤이다. 그래서 시음용 와인 크기로 작고 예쁜 용기에 특별한 와인
을 담아 판매가 가능해 보인다. 휴대가 간편한 일회용 와인 사업의 핵
심은 와인을 담은 용기의 특별한 디자인에 달려 있다. 와인 용기를 수
집용으로 발전하도록 마케팅 전략을 수립해야 한다. 다양한 와인 용기
를 모두 모아야 세트가 완성되는 패키지 세트를 염두에 두고, 순차적

으로 일회용 와인 용기를 선보이는 전략이다.

미국 뷰티 브랜드인 '드렁크 엘리펀트(Drunk Elephant)' 사례에서 벤치 마킹해보자. 전업주부가 만든 드렁크 엘리펀트는 현모양처로 열심히 살던 미국 주부에 의해 탄생한 뷰티 브랜드인데, 화장품의 용기 디자인과 톡톡 튀는 빛깔로 인해 뷰티 대기업인 '세포라'에 인수되었다.

〈소비자의 불편함으로부터 탄생한 드렁크 엘리펀트 화장품의 화려한 패키지 디자인〉

출처 : www.drunkelephant.com/

와인의 유용성을 잘 홍보하면서 우리나라 환경과의 조화를 이뤄내보자. 우리나라 음식과의 궁합이 얼마나 좋은지, 그리고 일회성 와인의 효능 등에 대해 홍보를 해야 할 것이고, 예비 소비자들이 다양한 와인을 실험 삼아 쉽게 마셔볼 수 있도록 초기 진입 시에는 대형마트 혹은 편의점 등에서 무료 시음회를 많이 열면 좋을 것 같다. 이때, 와인 수입 업체와의 공동 마케팅도 가능해 보인다.

신규 브랜드를 수입하는 와인 업체 입장에서는 상대적으로 해당 와인에 대한 이해가 부족한 예비 소비자들에게 좋은 경험을 제공하고, 자신이 수입하는 와인 브랜드를 널리 알리는 계기가 될 수 있기 때문에 이벤트 비용을 어느 정도 지불하리라 예상된다. 여기에 한 번에 한 병의 와인을 다 마시지 않아도 된다는 가격적 혜택과 편리한 이용 방식을 소개한다면, 조금씩 시음해보려는 와인 애호가들에게 인기를 얻을 것이다.

한편, 또 다른 비즈니스 모델로도 가능성이 있어 보인다. 즉, 와인 수입 업체로부터 샘플 와인을 지속적으로 공급받는 것이다. 마치 화장품 제조 업체로부터 무료로 샘플을 받아서 구독경제 시스템을 국내에서 처음으로 구축해서 많은 돈을 벌고 있는 '미미박스'처럼 말이다. '미미박스'는 사업 초기 국내 화장품 대기업으로부터 무상으로 샘플을 받아 유료로 구독자에게 보내는 형태로 수익모델을 만든 바 있다.

국내 유명 와인 수입 업체의 신규 브랜드 수입 시 샘플 홍보를 대행하는 계약을 체결해 무료로 샘플을 계속 공급받으면서 유료로 구독경제를 수행하는 전략을 수립해보자. 여기에 예쁜 패키지의 디자인을 넣어 예비 소비자들의 여심을 흔들면 초기 시장 진입에 성공하리라 예상된다.

자전거 여행
전문 여행사

전국에는 12개 국토 종주 자전거길이 있다. 아라서해갑문에서 낙동강과 제주에 이르기까지 자전거를 탔다는 인증 구간을 따지면 총 1,853km에 달한다. 서울에서 부산까지가 약 400km이니 4.6배나 된다. 이렇게 잘 만든 자전거길을 제대로 활용해야 하지 않겠는가? 전국에 자전거를 사랑하는 사람들이 참 많다. 게다가 지금은 전 세계 탄소중립의 시대다. 그래서 지금까지 열심히 만든 전국의 자전거길 1,800여 km를 제대로 활용할 필요성이 높아 보인다.

필자가 처음 네덜란드에 가서 경험한 자전거 투어는 상당히 인상이 깊었다. 저렴한 비용을 내고 네덜란드 암스테르담 근교를 20명 정도가 함께 자전거 여행을 하는 것이었는데, 처음 해보는 경험에 기대감도 상당했다. 아침 일찍 암스테르담 댐 광장에 세계 각국의 젊은이들이 모여 자전거 투어를 했던 경험은 지금까지도 기억에 생생하다.

그리고 프랑스 파리 근교에 있는 '베르사유' 궁전 내 자전거 여행 역시 좋은 추억으로 남아 있다. 대부분의 관광객들은 베르사유 궁전 몇 개만 보고 떠나지만, 배낭여행객의 가장 좋은 점인 무한의 자유시간을 이용해서 궁전과 그 주변을 둘러볼 수 있었다.

베르사유 궁전을 나와 건물 후면으로 가면 확 트인 전망 아래 끝없이 펼쳐져 보이는 거대 정원이 나온다. 각종 기하학적인 모양으로 손질된 다양한 나무들이 질서정연하게 정리되어 있는데 정말 장관이다. 그리고 잔디밭과 대운하를 가운데 축으로 해서 양쪽으로는 직육면체로 손질된 나무들로 둘러싸인 광활한 삼림지대가 펼쳐져 있다. 총 대지 면적 2,500만 평에, 가장 큰 건물은 길이만 500m가 넘는다. 약 5,000여 명의 귀족과 근위병과 하인까지 합하면 무려 2만여 명의 사람들이 생활했던 장소이기에 규모가 매우 크다. 걸어서 돌아본다는 것은 거의 불가능하기에 이곳에서는 자전거를 시간 단위로 빌려준다. 그 당시 필자는 자전거를 2시간 빌려서 궁전의 이곳저곳을 천천히 여행했던 경험이 아직도 생생하게 남아 있다.

유럽의 경우, 인구 대비 자전거 보급률이 80~90%에 이른다. 그중에서 네덜란드가 98%, 독일이 87%로, 잘사는 나라에서 자전거를 많이 활용하고 있음을 알 수 있다. 그뿐만 아니라 유럽의 경우, 자전거의 교통 분담률이 10~20%를 넘어선다고 한다. 여기에 가까운 일본은 어떤가. 일본의 자전거도로는 8만 km에 이르고, 자전거 보급률도 70%에 이른다. 또한 자전거의 교통 분담률은 14%다. 우리나라도 자전거를 더 많이 활용할 수 있도록 노력해야 할 때다.

이제부터 자전거를 타고 떠나는 여행을 기획하자. 일반 자전거 혹은 전기 자전거를 이용해서 함께할 사람들을 모객해보자. 평범한 자전거 동호회에서 줄 수 없는 색다른 경험과 사람 간의 교류를 만들어보자.

국내에서 어느 정도 자리매김하면 해외로 눈을 돌려보자. 1일 코스부터 7일 코스까지 다양한 코스를 개발하고, 숙박 및 여타 이벤트도 기획해보자.

〈세계 여러 도시에서 바이크 투어를 기획, 수행하는 미국의 '바이크투어' 회사에는 자전거 여행하기 좋은 세계 여러 도시의 코스와 숙박 정보가 있다〉

출처 : www.biketours.com/

코로나19 팬데믹 이후 자전거를 이용한 근교 나들이를 꿈꾸는 사람들이 많아졌다. 혼자 자전거 여행을 떠나기 주저하는 사람들에게 자신의 자전거나 회사가 준비한 자전거를 이용해서 자전거 투어에 참여시켜보자. 필자가 네덜란드 암스테르담 자전거 투어에 참여할 때 기획 회사가 제공한 자전거를 이용했던 것처럼 국내 관광객을 상대로 영업 마케팅을 미리 진행해보자. 물론 웹사이트와 앱을 통한 예약과 결제가 가능하도록 해야 한다.

여행 종류에는 기본적으로 당일치기 자전거 근교 여행부터 시작해서 자전거 여행가로 제2의 인생을 살아가는 5060 은퇴자들을 위한 테마 여행 등 다채로운 여행 상품을 기획해야 한다. TPO에 따른 자전거 여행 상품 기획의 차별화가 회사의 경쟁력이 된다.

또한, 코레일 기차와 공동 마케팅을 기획해서 자전거 여행이 결합된 자전거 전용 관광열차 상품을 제안할 수도 있다. 혹은 관광객 유치에 목말라하는 지자체와의 공동 마케팅을 통해 지자체 관광도 겸하는 자전거 여행도 가능해 보인다.

자전거 여행사 비즈니스로 고(高)에너지, 대기오염, 교통 혼잡의 3가지 분야에서 탈출해 전 세계 ESG 트렌드에 동참해보자. 향후 국가의 도움도 많이 받을 수 있을 것으로 예측된다. 자전거 여행 비즈니스를 통해 라이더에게는 자유를, 지구에게는 무공해, 친환경을 선물할 수 있다.

이 비즈니스의 정착화를 위해 자전거 전용 보험상품의 개발과 더불어 자전거 전용 스피커 준비 및 자전거 전용 앱 개발이 동시에 진행되어야 할 것이다. 또한, 각종 사고에 대비한 안전교육과 응급조치 수행을 위한 사전 시스템 구축 등 안전관리에도 철저히 대비해야 한다. 향후 각종 자전거 동호회와의 제휴 마케팅 등 B2B 영업을 통해 단체고객 확보를 하면 더욱 좋을 것이다.

사업을 하면서 건강을 지키고 나아가 지구환경도 책임지는 자전거 여행사 비즈니스다.

세계 라면 전문점

한국인에게 '라면'이라는 음식은 어떤 의미일까?

세계 각국에는 저마다의 라면이 있다. 라면의 모양과 이름은 달라도 많은 사람으로부터 사랑받고 있다. 세계인스턴트라면협회(WINA)에 따르면, 2020년 1인당 라면 소비량이 한국이 79.7개로 세계 1위를 기록했다고 한다. 다음으로 베트남이 72.2개로 2위를 차지했다고 하는데, 아무래도 동양권 사람들의 라면 사랑이 최고라는 생각이 든다. 그래서 제안한다. 세계 라면 전문점 비즈니스를 통해 한국인의 라면 사랑을 확인해보자.

인스턴트 라면은 1958년 8월, 전 세계인의 식생활에 엄청난 변화를 가져다주었다. 보관성이 우수하고 쉽게 조리해 먹을 수 있는, 값도 저렴한 식품의 대명사인 라면은 대만 출신 일본인인 '안도 모모후쿠(安藤

百福)'가 발명했다. 우리나라에서는 1963년 9월, 삼양식품에 의해 탄생했다. 이제 라면이 우리 곁에 온 지도 벌써 60년이 지나간다. 서민 음식의 대명사이기도 한 라면은 우리나라 국민 모두가 좋아하는 음식 베스트 3에 진입한 지 오래다. 일본도 예외는 아니다. 일본 요코하마에 있는 '라면박물관'을 보면 그들의 라면 사랑의 한 단면을 볼 수 있다.

〈소비자와의 색다른 접점을 만들어주는 일본 요코하마에 있는 라면 박물관〉

출처 : www.cupnoodles-museum.jp/ko/yokohama/

　이곳에는 다양한 테마의 라면 팩토리 여러 개가 모여 있다. 입장객은 가고 싶은 팩토리를 찾아가면 된다. 대표적인 테마 팩토리는 ⑴ 치킨라면 팩토리, ⑵ 마이컵라면 팩토리, ⑶ 컵라면 파크, ⑷ 인스턴트 라면 히스토리 큐브, ⑸ 모모후쿠 극장, ⑹ 누들바자(NOODLES BAZAAR), ⑺ 컵누들 유리구슬 코스터 등 안도 모모후쿠가 주창해온 'Creative Thinking = 창조적인 생각'의 원점이 되는 '6개의 키워드' 등을 재미있고 알기 쉽게 소개한다.

세계 라면 전문점 비즈니스 모델은 사실 세계 맥주 전문점을 벤치마킹했다. 세계 맥주 전문점은 부담 없는 가격으로 골라 마실 수 있는 맥주 전문점 비즈니스 모델로 알려진 바 있다. 고급스럽고 세련된 분위기에서 자신의 입맛에 맞는 맥주를 선택할 수 있듯이 세계 라면 전문점에서는 각국의 대표 라면을 선택해서 취식할 수 있도록 매장과 메뉴를 설계하면 된다.

우선 라면 대국이라고 할 수 있는 일본, 베트남, 중국 등 아시아권 국가들의 라면을 준비하자. 세계 여행 자유화 이후 각국에서 맛본 현지 라면의 맛을 그리워하는 여행객들에게 옛 추억과 함께 색다른 맛을 선사할 수 있다. 세계 맥주 전문점에서 세계 각국의 맥주를 부담 없는 가격으로 가볍게 즐길 수 있듯이 세계 라면 전문점에서도 가격 대비 맛과 체험의 가치를 최대한 산출해낼 수 있어야 한다.

예를 들어, 일본 라면은 우리의 것과 다르기 때문에 색다른 접근이 필요하다. 일본 라면 제조회사의 각종 라면을 모두 모아 라면 페스티벌을 개최해보는 것은 어떨까?! 혹은 공중파 TV 예능 프로그램에 나온 베트남 다낭 혹은 달랏의 유명 라면집 요리사를 초빙해서 특유의 맛과 정취를 선물해주는 프로그램은 어떨까? 대한민국의 대표 라면 브랜드인 농심 신라면과 오뚜기 진라면을 기준값으로 하고, 비교 대상국의 라면을 비교 평가하도록 시스템을 구축하기를 바란다.

각국에는 '라면왕'이라 불리는 라면 전문가들이 존재한다. 이분들과 공동 마케팅을 전개하는 방안도 좋을 것 같다. 예를 들어, 노르웨이 라면 업계에는 전설의 라면이 존재한다. 라면 브랜드 '미스터 리'는 무려 20년 이상 노르웨이 라면 시장 점유율 80% 이상을 기록하는 바람에 노르웨이에서 총리보다 더 유명하다는 농담이 있을 정도다. 이런 전 세계 라면 제조와 관련된 분들과의 공동 마케팅은 해당 브랜드 정착에 상당한 도움을 주게 될 것임에 틀림없어 보인다.

라면은 민주주의라고 외치는 사람들이 많다. 라면 앞에서는 남녀노소, 빈부가 없기 때문이다. 가장 대중적인 음식이면서 한국적 민주주의를 표방하려면 글로벌 라면과의 공생이 필요한 세상이다. 사실 라면만큼 사랑받는 아이템도 없고, 라면만큼 다양한 레시피를 가진 음식도 없다. 앞서 이야기했던 세계 맥주 전문점에서 전 세계에서 유명한 맥주라는 공산품을 사업 아이템으로 했듯이, 전 세계에서 수입한 유명한 라면(완성품) 공산품을 봉지에 적힌 레시피대로 제조해서 소비자에게 전달하는 방식을 취하면 된다. 시간도 절약하고 표준화된 레시피 완성품을 쉽게 전달할 수 있을 것이다.

그리고 나라별로 다른 분위기의 매장 인테리어와 용기를 채택한다면, Z세대 고객층의 사진 촬영 성지로 유명세를 떨치게 될 확률이 높아 보인다. 이러한 인테리어 분위기 연출은 초창기 브랜드 런칭과 홍보에 상당한 영향력을 끼치리라 예상된다. 이런 방식으로 연출한다면 세계라면 전문점 비즈니스는 재미와 맛을 동시에 전달하면서 목표 시장에 안착할 수 있을 것이다.

지역 신문 발행업

우리나라는 지방자치제가 부활한 지 20여 년이 지났음에도 불구하고 여전히 제자리걸음이다. 모든 법적, 재정적 권한과 기능이 중앙에 집중되어 있다. 말로만 지방자치제지, 전체 행정, 재정 권한의 80% 이상이 중앙정부에 편중되어 있다. 여기에 더해 지방 경제 자립도 100%를 이룬 자치제는 단 한 군데도 없다.

필자는 부실한 지방자치제가 진행되는 이유 중 하나는 지방 언론이 죽어 있기 때문이라 생각한다. 지방자치제가 제대로 작동하려면 입법, 행정, 조세를 모두 독립적으로 제대로 운영해야 한다. 그래서 이를 견제할 언론이 살아 있어야 하는데, 대한민국 어느 지방에 살아 있는 언론이 있는지 묻고 싶다. 그러나 이제는 지방 언론이 살아나야 한다고 적극적으로 주장하고 싶다. 지역 신문 발행을 통해 지자체도 부활할 수 있게 되기를 바란다.

필자가 비즈니스 여행을 하면서 방문했던 선진국 중에 미국, 호주, 독일 등 연방 국가 대부분의 지역 신문이 상당히 발달해 있음을 알고 깜짝 놀랐던 경험이 있다. 선진국일수록 지방 언론이 발달해 지역 주민 복지와 지자체 발전에 일조하고 있었다.

예를 들어, 호주 멜버른은 어느 지역을 가더라도 〈도크랜드〉 신문, 〈세이트칼다〉 신문 등 지역마다 지역 신문이 가판대 혹은 공공시설 안에 비치되어 있었다. 신문의 콘텐츠 질도 상당히 높아 보였고, 지역 주민들에게 필요한 정보를 시의적절하게 잘 전달하고 있다는 느낌을 받았다.

필자는 지역 도서관에서 지역 신문들을 살펴보면서 선진 도시와 후진 도시와의 차이점을 몸소 느낄 수 있었다. 그리고 부러웠다. 그곳에서 롱블랙 커피를 주문해 마시면서, 여러 잡지와 신문도 보고, 휴식을 취했던 경험이 아직도 생생하다.

지역 주민들은 그곳에서 반상회 같은 모임도 하고, 신문이나 잡지를 보면서 주말을 즐기기도 했다. 풍광도 너무 좋아서 시간 가는 줄 모르고 머물렀던 기억이 난다.

지역경제를 살리기 위한 첫 번째 과제는 바로 지역 신문의 창간 및 활성화라는 점을 지자체장은 알아야 할 것이다. 그래서 지역 유통업체와 공동 마케팅 방식으로 지역 신문을 창간해서 경제적 소비자, 합리적 소비자를 양산해야 할 것이다.

지역 신문 존재의 당위성은 누구도 부인하지 못할 것이다. 그렇다면 지역 신문 창간의 방법론에는 여러 가지가 있을 수 있다.

(1) 지역사랑 캠페인으로 지역 출신인들이 자신이 태어난 지역을 후원하는 캠페인을 진행하는 것을 보았다. 마찬가지로 지역 출신 도시인들에게 지역 신문 창간에 대한 후원을 받아 창간하는 방식이다.

〈호주 멜버른 도크랜드 지역에 있는 지역 도서관에서 지역 신문 〈Dockland News〉를 롱블랙 커피와 함께 본다〉

출처 : 필자 작성

(2) 삼성전자 '갤럭시탭'과의 공동 마케팅을 통해 진행하는 방식이다. 2010년 미국에서 아이패드가 탄생한 후에 아이패드용 지역 신문 창간을 도모한 적이 있었다. 그 당시 세계에서 가장 영향력 있는 미디어와 IT 업계의 두 거물의 합작품인 '머독(Murdoch)-잡스(Jobs) 프로젝트'라는 오프라인 지역 신문 사업이 진행되었던 사례를 참고하자.

루퍼트 머독(Rupert Murdoch) 뉴스코퍼레이션 회장과 그 당시 애플 CEO였던 스티브 잡스가 공동으로 아이패드 전용 신문인 〈더 데일리(The Daily · 가칭)〉를 개발하려 했던 프로젝트를 참고해보자. 태블릿 PC인 아이패드 보유자만을 위한 '유료 뉴스' 방식을 채택했다. 신문처럼 인쇄된 지면을 각 가정에 배달하는 방식이 아니라 아이패드에서만 볼 수 있는 방식으로, 인터넷에 접속해 웹 페이지 형태로도 볼 수 없는 아주 폐쇄적인 신문 전달 방식이었다. 가격은 일주일에 99센트로, 매일 새로운 뉴스를 제공하는 형태를 준비한 적이 있었다. 당연히 구독경제 방식을 통해 진행된다. 마찬가지로 삼성 갤럭시탭에서만 볼 수 있는 지역 신문을 삼성전자의 협찬을 통해 진행이 가능해 보인다.

(3) P2P(개인 간 투자 거래)를 통한 투자자를 모아서 목돈을 마련해 사업을 진행하는 방식도 있다.

(4) 지역 소상공인과 지역에 내려온 중앙정부기관을 기본적인 광고주로 영입하는 영업 정책을 펼치는 방법도 있다. 연간 필요한 재원만큼 미리 광고주 선정을 통한 재원 마련도 가능해 보인다.

지역에 사는 여성 중 글쓰기와 인터뷰 진행하기를 좋아하는 분을 선별해서 인턴기자로 등록해 천천히 지역 신문 콘텐츠를 늘려나가 보자. 처음에는 인터넷 신문 혹은 앱을 통한 모바일 신문 방식으로 사업을 전개해보자. 큰돈을 들이지 않고 시작할 수 있는 방식을 통해 첫발을 내디딘 다음에 차근차근 단계를 거쳐 지역 신문의 틀을 만들어가자. 인터넷이 아닌 해당 유료 앱을 통해서만 지역 신문 내용을 볼 수 있도록 구독경제 방식을 채택하자. 동시에 선별한 광고주들의 광고비를 통한 수익을 미리 확보해놓자.

　지역 신문이 건강해야 지자체의 일방 행정도 막을 수 있고, 지역 주민 위주의 행정을 진행시킬 수도 있다. 나아가 지방 경제를 되살리고, 도시를 재생시킬 수도 있게 될 것이다. 사명감을 갖고 지역 신문 비즈니스를 진행해보자.

Do not be afraid to make decisions.
Do not be afraid to make mistakes.

Carly Fiorina, Former CEO of Hewlett-Packard

3장

스타트업 여성 CEO
1년 차의 고민

어떻게 잘 알리고
구매를 지속 가능하게 할 것인가?

수년간 여성 창업과 관련해서 창업 컨설팅과 멘토링 역할을 해온 경험을 토대로 내용을 정리했다. 스타트업 예비 창업자의 사업계획서 심사 과정에서 느꼈던 점과 서류 심사, 면접 심사를 거쳐 최종 통과한 여성 CEO들의 공통점, 그리고 나아가 정부지원금을 받아 사업을 시작한 창업 1년 차 여성 CEO들의 고충을 멘토링해온 필자의 경험을 토대로 후배 여성 CEO들이 앞으로 겪게 될 주요 고민에 대한 솔루션을 정리한다.

플랫폼 비즈니스 모델에서
가장 중요한 부분은?

최근 여성 창업자분들이 기획한 신규 비즈니스 대부분은 플랫폼 비즈니스다. 기술 발전이 워낙 빠르고, 새로운 니즈가 계속 나타나는 세상이기에 비즈니스 역시 계속 탄생해서 새롭게 마켓을 형성하고 있다. 특히 대한민국은 변화의 중심에 있다. 트렌드 변화, IT 기술의 실생활화가 전 세계에서 가장 빠르게 나타나고 실현되는 나라 중 하나다. 그렇기에 당연히 플랫폼 비즈니스의 탄생과 운용에 대한 문의도 가장 많아 첫 번째로 다루고자 한다.

플랫폼 비즈니스는
3C(커머스+컨텐츠+커뮤니티)에 집중해야 한다

온라인 쇼핑몰 혹은 플랫폼 비즈니스의 시작은 그리 어렵지 않다.

하지만 실체를 들여다보면 상당한 기획력과 실행력을 필요로 한다. 앱 설계 시 가장 중요한 부분을 건너뛰면 안 된다. 바로 마니아층과의 소통 부분이다. 아무리 콘텐츠가 우수해도 소비자와의 소통의 장이 없으면 안 되는 세상이기 때문이다.

플랫폼 비즈니스는 오프라인 마케팅에서 시작된다. 앱 마케팅일지라도 해당 서비스의 정착을 위해서는 초창기에는 철저하게 발로 뛰는 영업을 추천한다. 각각의 사업주를 서비스에 가입시키도록 발로 뛰는 마케팅이야말로 플랫폼 비즈니스의 시작점이라 생각된다.

이제부터 플랫폼 비즈니스의 성공 프로세스에 대해 알아보자.

(1) 플랫폼 유료 서비스 전환 시점

우선 6개월간 무료로 해서 규모를 빨리 키우는 전략도 좋다. 사업 초기의 플랫폼 사업은 무료를 기본으로 하고, 3개 단계로 유료 구독형 서비스를 진행하는 회사가 대부분이기 때문에 향후 유료 서비스를 준비해놓아야 한다. 향후 무료 서비스를 없애는 것이 아니라 더 좋은 양질의 유료 서비스를 이용할 수 있도록 고정 고객화하는 전략이 중요하다.

(2) 효과적인 광고, 마케팅 방법

플랫폼 비즈니스는 대부분 셀러와 구매자를 동시에 모집해야 하는 경우가 많다. 모객도 하면서 해당 비즈니스를 홍보하는 양수겸장 전략을 진행해야 시간과 비용을 절약할 수 있다.

플랫폼 비즈니스는 공급자를 많이 끌어와야 하지만, 공급자 리스트 확보는 철저하게 오프라인적 접근이 필요하다는 점을 기억하자. 전국 생산자 리스트를 섭외한 이후, 그중에서 상위 20% 업체는 직접 전화해서 사이트(앱)에 접속하도록 설명한다. 사업 초창기에는 양질의 공급자 선점이 경쟁업체를 물리칠 수 있는 유일하면서 강력한 차별화 포인트다. 배달의 민족(배민)이 플랫폼 사업 초창기에 직접 발로 뛰어서 식당(공급업체) 사장님들을 설득해서 업체 수를 확장했다는 사실을 다시 한번 기억하기를 바란다.

(3) 플랫폼 서비스 운영 시 관리 및 주의할 점

플랫폼 비즈니스 사례 중 가장 실패한 사례는 '싸이월드'라고 할 수 있다. 많은 비용(서버 비용, 인건비 등)이 투입되었음에도 불구하고, 수익을 내는 사업 영역에는 너무나 소홀하지 않았나 싶다. 이용자의 아바타를 꾸미는 액세서리 공급에만 주력하는 바람에 더 큰 비즈니스를 만들지 못하고 시대에 역행한 실패 사례다.

성공 사례로는 '하버드 비즈니스 리뷰(HRR)'가 있다. 얼핏 이름만 듣고 석박사 이상의 사람들이 보는 학회 저널로 생각하는 경우도 많겠지만, HBR은 일반 기업 종사자들도 많이 읽는 잡지로 포지셔닝하기 위해 하버드 비즈니스 스쿨 퍼블리싱 명의로 각종 재무, 금융, 경영 관련 수료증을 발급함으로써 구독 서비스를 자연스럽게 유도했다. 특히, 하버드 매니지 멘토(Havrad Manage Mentor)에서 수강이 가능하며, 글로벌 컨설팅펌이나 대기업에서 전문 교육 과정 파트너십을 체결해 수익을 계속 만들어내고 있다.

(4) 1단계 이후의 서비스 확장(고도화)이나 사업 영역 확장 전략

1단계의 시장 침투 전략이 진행될 때, 일어날 수 있는 모든 불미스러운 일에 대한 대책을 미리 만들어놓아야 한다. 사이트(앱)를 악용하려는 사람이 분명히 있기 때문에 그런 경우를 대비한 대책(시나리오)을 미리 만들어놓는 것이 중요하다. 플랫폼 안정화 작업을 한 이후에는 커머스로 발전시키는 단계로 넘어가야 한다. 필요한 제품이나 서비스를 직접 판매하거나 소개하는 페이지가 필요하다. 그리고 1단계 플랫폼 사이트 런칭 후에는 반드시 보도자료를 만들어 일간지에 실리도록 노력해야 한다는 점도 잊지 말자.

고정 고객을 빠른 시간 내 확보하는 방안

사업을 처음 시행하는 여성 창업자는 하루라도 빨리 고정 고객을 많이 확보해서 안정적인 매출을 발생시키고 싶을 것이다. 이때는 예비 고객을 사용 고객으로, 사용 고객을 고정 고객으로 전환시킬 수 있도록 준비를 철저히 할 필요가 있다.

현재 웹사이트 혹은 앱을 잘 정비해서 '커머스+콘텐츠+커뮤니티'를 모두 넣어서 제작해야 한다. 동시에 오프라인의 고객을 위한 체험학습을 기획해서 예비 회원들이 참여하게 만들어야 하고, 지역 신문을 통한 회사 홍보도 병행해야 한다. 사업 모델을 간단한 그림으로 시각화하면 비즈니스 모델을 쉽게 예비 소비자에게 홍보할 수 있을 것으로 보인다. 일반 소비자들에게 그림이나 만화는 가장 쉽게 정보를 전달할 수 있는 방법이다. 최근에는 짧은 동영상을 통해 정보를 전달하기도 하므로 여러 가지 방법으로 회사 탄생의 의미를 쉽게 전달해야 한다.

일반 소비자가 일상생활에서 사용하는 생활 앱으로 발전시키고 고정고객을 많이 창출하고자 한다면 다음의 수순으로 액션 플랜을 가동시키기 바란다.

〈액션 플랜 1〉 블로그 혹은 웹페이지 신설하기

앱의 탄생 배경과 대표자의 철학과 비전, 그리고 앱 사용법과 앱의 장점을 길게 풀어서 설명해주는 페이지를 만들어 해당 앱 홍보에 적극적으로 나서야 한다. 블로그 혹은 웹페이지 구축이 먼저다.

〈액션 플랜 2〉 보도자료를 2가지 종류로 만들어라

지역마다 발행하는 지역 신문 기자를 대상으로 해당 앱에 관한 보도자료를 만들어 배포하라. 전국지를 통해 알리면 더욱 좋다. 아무리 좋은 공공서비스 앱이 탄생했어도 일반 소비자가 모르면 안 된다. 그런 의미에서 지역 신문을 철저하게 이용해야 한다. 지역 신문에 제대로 앱 관련 기사가 나오면, 지역 방송국에 초대할 확률이 높아진다. 나아가 전국 신문, 더 나아가 전국 방송국에 초대될 날이 올 것을 대비하라.

〈액션 플랜 3〉 지역 구청 단위 담당자와 협력관계를 만들 준비를 하라

공공기관의 예산을 통해 사업 일부를 진행할 가능성도 커 보인다. 사업 초창기에는 정부나 지자체의 예산 중에 내 사업 진행과 연관이 있는지 점검해서 필요 없이 나가는 비용을 관리해야 할 것이다.

〈액션 플랜 4〉 새로운 소비자군 개발하기

(1) 지역 내 모임을 개최하기 : 지역 내 고정 고객을 창출하기 위해 오프라인 모임을 주기적으로 개최한다. 생각보다 많은 신규 고객을 모객할 수 있다.

(2) 협업 업체 개발하기 : 본인이 운영하는 사업과 개념이 비슷해 함께할 수 있을 것 같은 지역 내 협력 업체를 적극적으로 개발해서 공동 이벤트, 공동 비즈니스를 창출해서 초창기 힘든 데스밸리를 뛰어넘자.

신규 회사의
브랜딩 전략

　신규 사업 아이템이 소비자와 한순간이 아닌, 지속해서 공생하려면 브랜딩 전략과 홍보가 중요하다. 소비자와 동행하는 브랜드가 되기 위해서는 브랜드 가치, 브랜드 에센스, 브랜드 약속, 브랜드 포지셔닝, 브랜드 개성, 그리고 슬로건을 미리 완비해야 한다. 특히 비즈니스 모델을 처음 접하는 소비자에게 쉽게 설명할 수 있는 한 줄의 슬로건을 제대로 미리 만들어놓아야 한다.

홍보 주요 전략

(1) 오프라인 광고는 어떻게 진행하면 좋을까?

　자신만의 콘텐츠를 중심으로 전개되는 사업을 제일 먼저 홍보해야 할 매체는 바로 지역 신문이다. 만약 지역에 신문이 없다면 전국 신문을 발행하는 대형 신문사를 통한 홍보 방식을 택해야 한다. 지역 신문이 좋은 이유는 내 동선이 겹치는 지역에 사는 분들에게 본인만의 사업을 홍보할 수 있고, 쉽게 만날 수 있기 때문이다.

신문에 기사화될 때를 대비해서 2가지의 보도자료를 미리 만들어놓아야 한다. 사업이 어느 정도 눈에 보일 정도가 되면, 바로 대형 신문사 해당 분야 기자에게 당신의 사업 탄생 의의를 알리기 시작하라.

신생 기업의 신생 브랜드 홍보만큼 어려운 작업도 없겠지만, 제품 패키지 디자인을 기획할 때부터 홍보를 고민해야 할 것이다. 패키지 디자인으로 가장 훌륭한 사례인 '드렁크 엘리펀트'의 패키지 디자인을 참고하면 좋겠다. '드렁크 엘리펀트'는 현재 미국 현지에서 자체 팬덤이 생길 만큼 큰 성공을 거둔 뷰티 브랜드다. 톡톡 튀는 브랜드와 톡톡 튀는 패키지가 20대 MZ세대에게 거부감 없이 환영받는 브랜드가 되었다.

소비자의 육감을 모두 동원하는 방식도 유용해보인다. 예를 들어 눈에는 보이지 않지만 '향' 마케팅으로 성공한 '싱가포르' 에어라인의 사례를 참고하라. 또한, 목표 고객이 주로 출몰하는 오프라인 건물 어느 부분에 홍보문구나 판촉물을 노출시키는 방안도 가능하다.

(2) 온라인 사업인데 홍보는 어떤 방식이 좋을까?

신규 사업이 온라인 중심, 앱 중심이라면 오프라인 중심의 광고가 선행되어야 한다. 반대로 당신의 사업이 오프라인 중심이라면 온라인 중심의 홍보 전략을 수립해야 할 것이다.

우선 온라인 사업의 홍보 전략을 생각해보자.

예를 들어, 오프라인에서 뮤직 페스티벌을 기획하는 이벤트 업체는 인플루언서를 총동원해 인스타그램 등을 활용한 홍보를 진행한다. 꿈을 미리 판매하는 방식이다. 최근에는 라이브 커머스도 상당히 발전하고 있기에 네이버 등에서의 라이브 커머스에 도전하자. 동시에 국내 유명 TV 홈쇼핑을 통한 제품 판매를 병행하는 것이다. 국내에서 라이브 커머스가 어느 정도 자리를 잡으면 바로 중국으로 넘어가자. 중국의 라이브 커머스에 도전하는 것이다.

그런데 요즘 유행하는 인플루언서 홍보 마케팅 방식에 유의할 점이 있다. 유명 인플루언서를 통한 광고 방식은 상당한 금액이 필요할 뿐만 아니라, 해당 인플루언서가 1년 이후 오명으로 사회 문제를 일으킬 소지도 있기 때문에 인플루언서 선택 시, 상당히 신중해야 한다. 예전 포털 사이트 비즈니스를 진행했던 AOL의 초기 시장 침투 전략은 철저하게 오프라인을 통한 홍보 방식이었다. 신문, 잡지 심지어 비행기 판촉물을 이용해서 신사업을 홍보해 성공했다.

온라인 웹사이트 내에서 할 수 있는 마케팅은 초기 입소문 마케팅이 상당히 중요하다. 초기 무료 사용자들의 입소문이 가장 강력하기 때문에 초기 사용자들의 환심을 사도록 준비를 철저히 해야 한다. 예를 들어, 페이스북의 초창기 홍보 방식을 참고로 하면 좋다. 페이스북이 하버드대학교 학생들에게 무료로 홍보해서 전 세계적인 브랜드가 되었음을 상기하자.

사업 초기에 특정 고객층에게 체험단 이벤트를 통해 무료로 앱 서비스를 진행한다고 하더라도 무료 사용 기간은 두 달을 넘어서는 안 된다. 더 필요하면 유료 서비스로 넘어오도록 자연스럽게 유도하는 전략을 수립해야 한다.

리스크를 최소화하면서 매출을 늘리는 방법

사업을 진행하면서 누가 리스크를 많이 지기를 원하겠는가? 하지만 오프라인 사업이든, 온라인 사업이든 리스크가 아예 없을 수는 없기 때문에 가능한 한 적게 나올 비즈니스 모델을 만들어야 한다.

온라인 쇼핑몰 비즈니스를 시작하는 대부분의 회사는 자신이 가장 잘 아는 카테고리의 상품을 해외에서 다품종 소량으로 수입해 온라인 소매 판매를 통해 시장 테스트를 시작하게 된다. 주로 네이버 스마트 스토어나 쿠팡 등 대형 온라인 쇼핑몰에 입점에서 자신만의 스토어를 개설한다. 처음에 들어가는 비용이 최소이다 보니 리스크는 상당히 적을 수밖에 없지만, 업체 홍보나 스토어 브랜드를 알리는 데는 한계가 있다.

그리고 예상 구매 고객을 설정할 때, 타깃 고객층을 20~40대 여성이라고 막연하게 정하기보다는 첫 번째 시장은 우선 깊고 좁게 진행해야 한다. 예를 들어, '20대 초반 여성으로서 서울에 사는 대학교 1, 2학년 여학생을 첫 번째 1차 고객으로 설정한다'라고 정하는 등 구체적이고 좁은 목표로 시작하는 것을 추천한다. 사업 초창기에는 '선택과 집중'이 정말 중요하다. 쓸데없는 시간과 노력을 줄여야 한다는 말이다. 만약 제조일 경우, 신제품 관련 OEM 제조에 시간과 자본을 투자해야 하고, 플랫폼 비즈니스일 경우에는 앱 개발 완성도를 더 높이기 위해 노력해야 한다. 한곳에만 집중해야만 제대로 된 결과물이 나올 수 있다.

하지만 대부분의 사람들이 사업 초창기에는 너무 많은 업무에 관여해서 집중도가 상당히 떨어지는 것이 다반사다. '선택과 집중'을 기억하자.

목표 시장
공략 방법

완성품이 아닌 시제품이 나온 이후에 전개할 마케팅 전략이다. 우선 시제품이 나온 뒤, 초기 시장을 공략하는 방식이다. 처음부터 B2C시장에 진입하지 말고, 우선 목표 고객층이 주로 거주하는 지역의 B2B 업체와 접촉해서 당신만의 온리원 차별화된 상품이나 서비스를 제안할 수도 있다. 그렇게 시장 테스트를 제대로 마친 후, 샘플 테스트를 한 후에 양산으로 진입하는 수순을 밟아야 사업적 리스크를 가장 적게 할 수 있다.

그래서 사업 전체의 스토리보드를 미리 만들어야 한다.
전체 그림을 그린 후 단계별, 부분별 세부계획서를 순서대로 만들어야 실패를 줄일 수 있게 된다. 마치 드라마의 시놉시스를 만드는 것과 비슷하다.

우선 베타테스트에 좋은 데이터를 남겨주는 예비 고객에 대한 선별 및 우대전략을 수립해야 한다. 가장 좋은 방법으로는 '배지' 수여 방식이 있다.

오프라인식 배지도 가능하고, 온라인상의 배지(badge)도 가능하다. 이는 3가지 종류로 분류할 수 있다.

(1) super user : 데이터 및 좋은 정보 기여자

(2) networker : 팔로워가 많은 참여자

(3) moderator : 부정적 정보 혹은 악의적인 코멘트를 한 사람을 신고해주는 참여자

말 그대로 사용자에게 '이익'이 되게끔 해주는 전략을 수립하는 것이 중요하다. 차별화된 예비 고객을 진정한 고객으로 변신시켜주는 전략이므로 기억해두자. 배지 캐릭터를 잘 기획, 디자인해서 화제를 불러일으킬 수 있다.

대형 업체 입점 방법

대부분의 신규 창업자들은 온라인 광고 이외, 오프라인 유통 진입 방식에 대해 궁금해한다. 실질적으로 대형 업체인 백화점이나 대형마트 MD에게 어떤 식으로 어필해야 하는지 궁금해하는 1년 차 CEO가 많다.

어떻게 입점할 수 있는 것인지, 어느 정도 수량을 준비해야 하는지 궁금해하는 분들이 많은데, 사실 온라인 사업을 위주로 하는 업체인 경우에는 우선 온라인 사업이 제대로 세팅된 후에 입점 제안서 작성 요령 및 상담 요령을 배우는 것이 순서다. 사업 핵심을 어느 정도 파악한 후에 오프라인 대형 업체 입점을 고민해야 할 것으로 보인다. 대형 업체 입점은 자신이 운영하는 상품이나 서비스 등 업의 개념을 제대로 해석한 후, 가장 조화를 이룰 업체를 선택해야 할 것이다. 그냥 유명한 업체에 입점하면 되는 것이 아니다. 자신이 운영하는 업태와 업의 방향성이 같은, 다시 말해 가치관과 사업관이 상통하는 대형 업체를 선택하는 것이다.

또한, 전반적인 매장 운영 스토리 전개 방안 등 사전 준비가 완비된 이후에나 대형 업체와 접촉을 시작해야 할 것이다. 대형 유통 업체 바이어 혹은 MD와의 미팅은 단 한 번에 결정되기 때문에 사전 준비를 철저히 해야 한다.

필자가 대형 유통 업체 바이어 생활, 그리고 유통 대행 비즈니스를 오랫동안 해왔던 경험을 비춰보면, 업태와 바이어(MD)에 따라 상담 방식과 방법이 다르다. 백화점, 대형마트, 편의점, TV 홈쇼핑, 온라인 쇼핑몰, B2B 대행사 등 업태마다 다르고, 업체마다 사풍과 기업 문화에 따라 상담 방식을 달리해야 한다는 점도 알게 되었다. 입점 방식과 입점 시기에 따라 부담해야 할 입점 수수료 및 판매 수수료가 모두 달라진다는 점도 사전에 알아야 한다.

또한, 국내 대형 유통 업체 입점만 생각하지 말고, 해외 특히 미국 등 선진국의 유명 대형 유통 업체 입점도 고려해보기를 바란다. 해외 유명 온라인 플랫폼 업체 입점도 무시 못 할 매출 발생처이므로 입점 고려 대상이 될 수 있다.

결국 입점에 성공하는 전략의 핵심은 본인이 운영하는 회사와 대형 유통 업체 모두 윈윈하는 사업모델이 되어야 한다는 의미다. 대형 업체에 입점을 상담하는 방식이 궁금하다면, 유튜브 '유통 9단 TV'에 있는 영상을 참고하기를 바란다.

마켓 후발주자의
생존 방법

마켓에 후발주자로 진입해 성공하려면 기존 경쟁사 중에서 가장 잘하는 일등 기업을 우선 조사해야 한다. 해당 기업의 강점과 약점, 그리고 그 기업의 단골고객들은 어떻게 형성되었고, 어떤 이유로 계속 고객으로 남아 있는지 조사를 철저히 해야 한다. 그런 후 해당 일등 기업의 약점을 파고들어야 할 것이다.

최종 목표는 단골 커뮤니티 형성에 두어야 한다. 충성고객이 많으면 많을수록 경쟁사와의 싸움에서 유리하다. 단골 커뮤니티를 잘 만들어야만 하는 이유다. 단골 커뮤니티를 잘한 사례로 오프라인 독서클럽인 '트레바리'가 있다. 이 같은 사례를 적극적으로 연구하기를 바란다. 왜 20~40대 수강생들이 열광하고, 그들만의 끈끈한 네트워크를 만들어가는지 말이다. 온라인 회원 커뮤니티와 오프라인 '트레바리'처럼 방장을 중심으로 네트워크를 만들고, 콘텐츠를 공유하고 창조해나가는 방법을 추천하고 싶다.

일정 기간의 노력을 거친다면 신규 고객은 고정 고객, 우리 편 고객으로 변신할 수 있어 보인다. 그리고 제품을 보낼 때 손편지 혹은 손엽서를 써서 동봉하기를 바란다. 제품 구매 후 고객과 후속 연결을 만들기 위한 제안을 함께 제공하기를 바란다. 손편지의 위력은 상상을 초월한다. 1차 고객이 우리의 아군으로 변하도록 적극적으로 소통하기를 바란다. 1차 고객들이 스스로 제품을 홍보해주도록 장을 만들기 바란다.

어느 정도 본인만의 특화된 상품과 회사 브랜드 이미지를 통해 구축된 한정된 시장을 먼저 공략해서 마니아층을 형성해야 한다는 제1원칙을 잘 수행해야 한다. 국내 시장에서 시스템을 구축한 후 이를 해외용으로 전환해야만 한다.

필자가 자문해주었던 대부분의 국내 중소기업 혹은 중견기업의 신제품들은 아무리 특화된 기능을 가진 신제품이라고 하더라도 마케팅력이 상당히 부족해 보였다. 먼저 '마케팅'과 '영업'이라는 단어를 혼동하는 경우가 대부분이었다. 물론 예산이나 인력의 이유로 마케팅과 영업을 같은 조직이 운영하는 경우가 많은데, 이렇게 하면 안 된다. 마케팅과 영업의 개념만큼은 분명히 나누어서 관리해야 한다.

많은 중소기업이 마케팅과 영업을 혼동해서 마케팅의 전략 수립을 제대로 진행하지 못한다. 그 때문에 경쟁사와의 우월한 차별적 요소를 사장시키곤 한다. 그로 인해 후발 추격자에게 모방당하기도 하고, 지속 경영도 어려워진다. 경쟁사와의 확연한 차별화 전략을 간단한 한 줄의 슬로건으로 표현해주어야 한다. 단순명료한 마케팅 포인트를 찾아내야 한다. 이때 유의할 점은 최종 소비자의 눈높이에 맞는 언어로 표현해야 한다는 점이다.

마지막으로는 선발 경쟁 업체를 그대로 모방하거나 비교하는 행위는 금물이다. 자사 상품이 경쟁사보다 더 좋다는 생각도 금물이다. 이 세상에 똑같이 생긴 사람이 없듯이 우리 기업만의 온리원 특장점을 소비자 눈높이에 맞춰서 간단명료하게 제안해야 한다. 경쟁사의 약점을 사전 조사를 하는 것은 맞지만, 경쟁사와 비교할 필요는 전혀 없다. 소비자에게 전혀 새로운 상품, 지금까지 불만이었던 가려운 부분을 해소해줄 수 있는 유일한 상품임을 인지할 수 있도록 슬로건으로 제안하면 된다. 자사가 개발한 유일한 문법으로 소비자에게 다가가야 한다.

협력 업체 & 직원
선발 방법

신생기업의 성장은 나 홀로 잘한다고 잘되는 것이 아니다. 이 세상은 여럿이 함께 가야 하듯이 업무의 원활한 진행을 위해 우수한 협력 업체와 동행해야 한다. 동시에 우수한 직원을 경쟁사보다 먼저 선발해 제대로 교육시켜 최고의 결과물을 도출할 수 있도록 근무환경을 조성해주어야 한다.

우수 협력 업체 선발 방법

그렇다면 우수 협력 업체를 선정하는 기준은 있을까?

협력 업체 선정 방식으로는 가능하면 같은 '업의 개념'을 가진 업체와 협업을 생각해야 한다. 하나면 약하지만 여럿이 뭉치면 강해질 수 있다. 경쟁사와 협업을 하라는 것이 아니라 '업의 개념'이 같은 업체 중에서 해당 업체의 평판이 좋은 업체 CEO와 친해지기를 바란다.

공동 마케팅, 동맹 프로젝트 추진 시, 꼭 계약서 체결 후에 진행해야 한다. 같은 라이프 스타일을 추구하는 동지 업체를 많이 개발해 함께 공동의 선을 추구하는 전략도 가능해 보인다. 사업이 확장될수록 다양한 형태의 업체들이 함께 공동의 선을 향해 손을 맞잡아야만 한다. 그래서 평상시 좋은 협력 업체를 선발하기 위한 시스템을 구축해놓아야 한다. 우선 가망 협력 업체 CEO와의 식사 자리 혹은 대화 자리를 많이 만들면 좋겠다. 평상시 시장 흐름을 잘 파악하기 위한 좋은 정보를 자주 전달해주는 협력 업체면 더더욱 좋은 파트너가 될 것이다.

우수 협력 업체에는 현금결제를 가장 빨리 집행하거나 해당 프로젝트에서 자사 마진을 줄이고, 협력 업체 마진을 크게 만들어주는 등 우대정책을 진행해보자. 그리고 다른 협력 업체와의 좋은 관계 형성에 도움이 되도록 홍보도 적극적으로 해야 한다.

우수 직원 선발 방법

신생 기업으로서는 최고의 전문 마케터를 직원으로 고용하고 싶을 것이다. 하지만 결론만 먼저 말한다면, 사업 초기에는 전문 서비스 대행사를 이용하거나, 단기 계약직을 이용하기를 바란다. 신생 기업에게 인건비는 가장 큰 비용항목이기 때문에 최대한 고정비용을 줄여야 한다.

만약에 유통·마케팅 직원을 꼭 채용해야겠다면, 면접 시 꼭 물어봐야 하거나 확인해야 하는 사항을 하나 알려드리고 싶다.

경력직 입사희망자의 과거 마케팅, 영업 결과 데이터(입증할 만한 데이터)를 제출해달라고 부탁하기를 바란다. 객관적 증거를 통해 입사희망자의 영업 능력을 검증해야만 한다. 말로만 떠벌리는 경력직 마케터가 생각보다 많기 때문이다.

그리고 좋은 직원이 되리라 예상된다고 해도 바로 정규직으로 입사시키지 말고, 2개월의 계약직 과정을 반드시 거치기를 바란다. 평균적인 사람을 교육으로 탁월하게 키우기는 불가능에 가깝다는 사실을 기억하라. 중소기업으로서 최고의 연봉을 보장해주지는 못하지만, 미래 비전에 대한 확신을 이해하고 공유할 수 있다면 최고의 대우를 해줄 수 있을 것이다.

어느 정도 사업이 궤도에 오른 후에 정직원을 선발하는 단계별 채용 전략을 추천하고 싶다. 항상 '인사가 만사(人事萬事)'라는 옛말을 잊지 마라. 평균적 인재를 선발하는 것이 아니라 가장 우수한 인재를 채용해야 한다. 좋은 인재를 채용하는 것에는 절대 비용을 아끼지 말아야 한다. 동시에 기업이 미리 설정해놓은 선발 인재 기준과는 절대 타협하지 말아야 한다. 자사에 가장 맞는 적합한 인재를 선발하려면 채용 과정이 달팽이처럼 느리면 좋겠다. 당연히 시간과 비용이 들 것이다. 하지만 사전에 세운 원칙을 무시한 채 그저 그런 이류를 뽑으면 나중에 후회하게 된다. 또한, 기존에 있는 다른 직원들의 사기마저 뺏게 되는 악영향이 발생할 수 있다.

한 가지 더 조언하자면, 학력의 후광효과에 빠지지 말기 바란다. 출신 학교, 학교에서의 성적, 동호회 활동 등 화려한 기록에 속지 말기 바란다. 신입사원 취업 후 1~2년이 지나면 학교 성적은 직무 성과와 상관이 없다는 사실을 알게 될 것이다. 그보다는 종합적인 인지 능력과 문제 해결 능력, 리더십 능력에 초점을 맞춰서 선발하기를 바란다. 당연히 CEO가 평상시 가진 인생관, 기업관과 상응하는지가 관건이다.

지속 가능한
경영을 위한 준비

사업을 하는 누구나가 갖게 되는 꿈이 하나 있다. 바로 내가 세운 이 회사가 지속 경영이 가능해서 백년 기업이 되는 것이다. 지속 가능한 경영을 하려면 어떤 전략을 수립해야 하는지 궁금한 CEO분들이 많을 것이다. 그래서 준비했다. 지속 가능한 경영을 하는 백년 기업을 향해 달려가는 글로벌 기업의 사례를 통해 그 해답을 알아보자.

필자가 조사, 연구한 세계적인 글로벌 기업이 밝히는 지속할 수 있는 경영 전략, 백년 기업이 되기 위한 경영 전략은 간단하지만 실천하기 힘든 사항이다. 즉, 비즈니스의 모든 부분에서 기업의 사회적 책임을 지속 가능 경영이라는 형태로 실천해나가는 것이다.

H&M

원료 획득에서부터 재료 가공과 의류 생산, 운송 및 판매와 의류의 실제 착용에 이르기까지 이른바 공급 체인(supply chain) 전반에 걸쳐 지속 가능한 경영 전략이 진행된다. 이는 크게 3가지의 범주로 나뉜다.

(1) 건강하고 환경친화적인 원료 수급
(2) 환경에 대한 영향이 적은 생산 방식 채택
(3) 완성된 제품의 친환경적인 판매와 이용

자체적인 클린 경영뿐만 아니라 '협력 업체'에 관한 감사를 지속해서 한다는 점이 특이하다. 지속 가능 패션 정책을 제대로 지키고 있는지 확인하기 위해 수십여 명의 감사 인력을 전 세계에 파견하고 있다. 이는 본사가 아닌 지역 협력 업체의 실수로 인한 사회적 문제 발생을 미연에 막기 위한 글로벌 브랜드 스탠다드 전략의 일환이다.

올버즈(All Birds)

착한 소비의 대명사로 불린다. 뉴질랜드산 울과 유칼립투스 잎 등 친환경 소재로 운동화를 제작한다. 30일 동안 사용 후, 구름 위를 걷는 느낌을 못 받는다면 환불이 가능하다는 영업 정책으로 유명하다. 또한, 슬로건이 전 세계 소비자를 감동시킨다. '나는 달린다. 나를 위해, 지구를 위해.'

판게아(Pangaia)

先(선) 소재 개발, 後(후) 드롭 출시하는 영업 전략으로 유명한 라운지웨어 제조판매 회사다. '제품 한 개 구입은 맹그로브 나무 한 개를 심는 것과 같다'라고 소비자에게 어필해 성공한 브랜드다. 생분해성 포장지 채택 등 지구환경 보호에 앞장서는 회사로 자리매김했다.

사실 '지속 가능'의 개념이 꽤 광범위하지만, 여성 스타트업 CEO로서 핵심이 되는 개념을 미리 수립해야 한다. 예를 들어, '한국의 ○○○'를 지향하는 CEO의 경영철학과 세계관을 예비 소비자에게 미리 잘 홍보하도록 준비를 철저히 해야 한다. 이를 위해 웹사이트 내에 회원 간의 커뮤니케이션 부분을 상당히 신경 써서 구축해놓아야 한다. 사업 초기, 자사 몰에 의한 '팬덤' 형성이 정말 중요하다.

글로벌 라이프 트렌드 전략가
유통 9단 김영호의 트렌드 창업 교실

선진 도시의 트렌드를 알면 돈이 보입니다!

21세기형 창업 형태는 분명히 20세기형과 질적·양적으로 다릅니다! 선진 도시에서 21세기형 장사 테마를 발견했습니다!

왜 21세기에는 트렌드 창업 교육이 필요할까요?

21세기에 들어서면서 사회가 급격하게 변화하고 있습니다. 우리나라는 베이비부머들의 퇴직 대란이 시작되었습니다. 그뿐만이 아닙니다. 대학을 졸업하고도 일자리가 없어 취업을 포기한 청년들이 너무 많습니다. 지금부터 나만의 사업을 준비, 시작해야 하는 이유가 여기에 있습니다.

하지만 어떤 창업을 하느냐에 따라 승패가 갈립니다. 20여 년간 선진 도시를 시장 조사하면서 깨달은 진리가 하나 있습니다.

"트렌드를 모르고 창업을 했다가는 바로 망한다!"

대한민국 대표 유통컨설팅 기관인 '김앤커머스'의 대표 유통 9단 김영호와 함께 적은 돈으로 21세기 트렌드에 반보만 앞서는 창업을 제안해드리려고 합니다.

대한민국 어디에서도 듣거나 보기 힘든 내용을 정리해서 전달해드리는, 그야말로 **'나만 알고 싶은 창업노하우'** 입니다.

프로그램 내용

1. 교육명 : 유통 9단 김영호의 트렌드 창업 교실

주요 내용

: 21세기 들어서 새롭게 변화하고 있는 衣, 食, 住의 트렌드와 추천 창업 아이템 10

2. 일정 : 매주 수요일 (오후 2~5시), 총 3시간 (공휴일일 경우 순연됩니다)

3. 장소 : 김영호 유통아카데미 교육장

지하철 3호선 화정역, 4번 출구 바로 앞, 한화오벨리스크 25층 3호(2503호)

4. 참가 대상

- 예비 창업자로서 성공 창업을 간절히 원하는 분(또는 단체)
- 이미 창업 후 1~3년 차에 있는 기창업자
- 25년 선진 도시의 트렌드를 요약해서 듣기를 원하는 분(또는 단체)
- 집 한 채 값을 들여 얻은 귀한 정보를 알기를 원하는 분(또는 단체)
- 시중에서 혹은 인터넷에서 절대 알 수 없는 트렌드 핵심을 알고 싶은 분(또는 단체)
- 책이나 논문으로 건진 자료가 아닌 유통 9단 김영호 대표가 직접 걸어서 눈으로 건진 귀한 자료를 알고 싶은 분(또는 단체)

5. 참가비 : 문의 요망

6. 교재 및 특전

참가자 전원에게 저자 서적 1권(《무배격 : 쇼핑의 미래》) + 김앤커머스가 기획, 제작한 '타이거 창업노트' 1권을 무상 증정합니다.

우수 수강생에게는 대한민국 전 국민 부자 되기 프로젝트 제1탄인 '타이거리치 다이어리(3년 형)'를 증정합니다.

7. 신청 : 전화 및 이메일 접수

김영호 유통아카데미 TEL : 031-969-8532

E-Mail : kimncommerce@naver.com

여성 CEO를 위한 창업 아이템 51

제1판 1쇄 2023년 7월 20일

지은이   김영호
펴낸이   한성주
펴낸곳   ㈜두드림미디어
책임편집   최윤경, 배성분
디자인   얼앤똘비악(earl_tolbiac@naver.com)

㈜두드림미디어
등록   2015년 3월 25일(제2022-000009호)
주소   서울시 강서구 공항대로 219, 620호, 621호
전화   02)333-3577
팩스   02)6455-3477
이메일   dodreamedia@naver.com(원고 투고 및 출판 관련 문의)
카페   https://cafe.naver.com/dodreamedia

ISBN   979-11-982681-9-8 (03320)